ISABELLE RIMBAUD

DANS LES REMOUS DE LA BATAILLE

CHARLEROI ET LA MARNE

REIMS

PARIS
LIBRAIRIE CHAPELOT
1917

2e Édition.

Dans les Remous de la Bataille

ISABELLE RIMBAUD

DANS LES REMOUS DE LA BATAILLE

— CHARLEROI ET LA MARNE —

REIMS

2e ÉDITION

PARIS
LIBRAIRIE CHAPELOT
MARC IMHAUS ET RENÉ CHAPELOT, ÉDITEURS
30, Rue Dauphine, VIe — (Même Maison à Nancy)
1917

Il a été tiré de cet ouvrage 10 exemplaires sur papier du Japon
numérotés de 1 à 10.

et 15 exemplaires sur papier de Hollande Van Gelder
numérotés de 11 à 25.

JUSTIFICATION DU TIRAGE

A LA MÉMOIRE
DE MA CHÈRE MAMAN

DANS LES REMOUS DE LA BATAILLE

A Roche (1), dès le 28 juillet 1914, nous avions, mon mari et moi, l'intime certitude que la guerre allait éclater.

Le surlendemain, l'auteur de la brochure si clairvoyante intitulée : *L'invasion allemande par la Belgique méridionale* (2), le commandant Chenet, étant venu avec sa femme nous faire visite, se montra stupéfait qu'on m'eût, l'avant-veille, à Vouziers, déclaré suspendu le paiement de la Rente. Jusqu'à ce que je lui eusse fait part de cette mésaventure financière, le commandant avait paru assuré de la non probabilité d'une guerre avec l'Allemagne et il avait apporté une plaisante malice à réfuter chacun des argu-

(1) L'une des quatre sections de la commune de Chuffilly, canton d'Attigny, arrondissement de Vouziers (Ardennes).
(2) Edition des « Marches de l'Est », Paris 1912.

ments opposés par Pierre, mon mari, à son optimisme. Quand j'eus terminé mon petit récit, il se redressa, tout changé, très grave, et dit : « S'il en est ainsi, il est temps de me préparer à rejoindre mon poste à Verdun. »

Nous sortîmes pour accompagner, un bout de chemin, nos visiteurs. Nous longeâmes avec eux la route de Rilly-aux-Oies jusqu'au calvaire de Wallart. Devant nous, sur notre gauche, le soleil se couchait. Le ciel était tout rouge.

Samedi 1er août.

Le mari de notre nièce Nelly, Emile Lecourt, rentre d'Attigny à trois heures et demie, couvert de sueur et extrêmement ému. « Ça y est ! il faut partir », s'exclame-t-il en s'effondrant sur notre seuil. Les gens du village qui l'ont vu arriver s'approchent, le questionnent. Aucun ne veut croire. Le jeune homme proteste de sa véracité, se fâche, jure que le secrétaire de la mairie d'Attigny lui a donné connaissance de la dépêche officielle.

A ce moment le tocsin sonne aux clochers des villages environnants, la générale retentit. « C'est un incendie », disent les uns. On est consterné, bien qu'on ne veuille pas encore se rendre à l'évidence. Mais les maires, ayant reçu l'ordre d'afficher la mobilisation, ont envoyé des cyclistes dans les champs pour rallier les moissonneurs, qui rentrent. Il n'y a plus moyen maintenant de se faire illusion.

Vers quatre heures et demie, notre maire arrive en voiture de Chuffilly et appose lui-même sur la maison d'en face la fatale affiche. On l'interroge anxieusement. Il ne sait rien, sinon qu'il lui a été enjoint d'afficher à quatre heures et que, Roche étant la plus reculée des sections de la commune, il se trouve en retard d'une demi-heure. « L'affiche est bien facile à comprendre, ajoute-t-il ; chaque mobilisable n'a qu'à consulter son livret. » Stupeur et désolation. Des protestations s'élèvent : « Et la moisson qui est à peine commencée ! » On ne se résigne pas à admettre la terrible vérité ; ceux qui doivent partir éprouvent le besoin d'aller se renseigner plus amplement à la gendarmerie d'Attigny.

Emile doit rejoindre, dès dix heures du matin, au deuxième jour de la mobilisation. Les plus sombres pressentiments le poignent. En plus du chagrin de quitter sa femme, son enfant et son père, en plus du regret d'abandonner son exploitation agricole très prospère, il augure pour lui-même lugubrement.

Les incrédules de tout à l'heure reviennent de la gendarmerie. C'est très sérieux : il faut partir. Ceux de l'armée active, les jeunes, font bonne figure. Mais les autres!... Pour les consoler, nous leur représentons que mobilisatïon ne veut pas dire guerre, que l'Allemagne réfléchira sans doute en voyant les Français décidés à lui tenir tête; il y a de l'espoir encore, nous l'affirmons sans y croire; eux, dans leur désarroi, se rattachent à cette si faible branche.

Dimanche 2 août.

La mobilisation a pour effet de ramener les villageois au sentiment religieux. Je le constatais ce matin à l'église, où, penchée sur mon livre d'heures, j'ai frissonné à la lecture de l'évangile de ce neuvième dimanche après la Pentecôte : « ... *Des jours viendront où tes ennemis t'environneront de tranchées, t'enfermeront et te serreront de toutes parts ; ils te détruiront, toi et tes enfants qui sont dans tes murs, et ils ne te laisseront point pierre sur pierre parce que tu n'as pas connu le temps où Dieu t'a visitée...* » (Saint Luc, 19).

On conçoit aisément que les populations de l'est et du nord-est de la France, victimes désignées pour l'invasion et qui en ont subi trois fois en un siècle les désastres, ne peuvent voir la menace de guerre avec l'Allemagne du même œil que les habitants des autres régions. Certes, si l'on considère que l'amour de la patrie est avant tout l'amour de la terre natale, leur patriotisme est profond, et d'autant plus que leur pays court plus de risques; mais ce patriotisme, comme toute possession passionnée, est craintif, pessimiste, et c'est précisément lui qui, angoissé devant l'échéance de tous les malheurs, ruine des foyers, sacrifice des maris et des fils — ceux-ci appartenant aux régiments de la frontière ne vont-ils pas être les premiers au feu? — en appelle au Tout-Puissant.

Il faut croire que la prière réconforte, puisque les terriens ardennais cessent déjà de gémir et se livrent avec une ardeur décuplée aux travaux des champs. Ne leur faut-il pas, en outre, suppléer aux bras défaillants?

Lundi 3 août.

Le village, d'heure en heure, se vide des hommes au-dessous de quarante-huit ans. En même temps, l'atmosphère morale se modifie. Les haines s'apaisent et les ennemis se réconcilient. On ne médit plus de son voisin; on ne cherche plus à s'entrenuire; on se parle avec mansuétude. Les feux de l'envie et de la vanité s'éteignent dans les regards, comme dans les âmes. Au sein des familles des mobilisés, les adieux sont déchirants, ont le caractère de l'irrévocable; et les dispositions en ce sens sont prises.

Emile est parti.

Des troupes de l'armée active commencent à passer sur la route.

Jeudi 6 août.

Les journées de pluie, comme ils ne peuvent aller au champs, les gamins et les vieillards se rendent aux gares stratégiques ou aux passages à niveau, afin de regarder le débarquement ou le passage des trains militaires. Venus de tous les points de la France, ces trains ont leurs wagons enguirlandés de fleurs et couverts d'inscriptions d'enthousiasme et de défi; les voyageurs, effervescents, interrompent leurs chants belliqueux et répondent aux acclamations des civils. Le spectacle de cette jeunesse si exubérante sous les uniformes de couleur violente réchauffe l'âme chagrine et terne des villageois. Ils s'accoutument à l'idée de la guerre.

Mais, comme les marchands roulants apportant à jours fixes le pain, la viande, l'épicerie, etc., ne viennent plus, qu'il n'y a dans Roche aucun négociant en ces denrées, on va au bourg faire des provisions que l'on met en réserve. On consolide les fermetures des habitations. On pratique des cachettes dans les murs, sous les pavages, où l'on ensevelit les objets précieux.

Le service de la poste, qui ne fonctionnait plus, reprend. Le facteur vient d'apporter au dépositaire du *Petit Journal* des exemplaires datant de deux ou trois jours. Nous y lisons, en même temps que les déclarations de guerre, la violation de la Belgique par l'Allemagne et les premières incursions des patrouilles ennemies sur notre territoire.

Vendredi 7 août.

Pour la prévision des événements, la guerre de 1870 devient le critérium. Je n'ai pas encore entendu un paysan ou une paysanne témoins de cette guerre dire : nous vaincrons, nous maintiendrons l'ennemi sur la frontière; travaillons sans crainte, nous jouirons de notre moisson. Ces pauvres gens, au fond d'eux-mêmes, sont tellement persuadés de l'invasion, qu'ils disent au contraire : « Les Prussiens en 1870, après avoir brûlé Voncq et pris des otages, n'ont pas été très méchants à Roche. Pourquoi le seraient-ils davantage cette année? En 1870, nous avons eu faim, froid, peur, c'est vrai, et des maladies; mais, du moment que nous avions quelque chose à leur donner à manger, ils ne nous faisaient point de mal. » Je leur objecte qu'il n'est pas sûr que les Ardennes soient cette fois envahies, que nos soldats combattent avec ardeur, que nous ne céderons pas de terrain, que la bataille se livrera en Belgique, que nous aurons la victoire. Ils me regardent avec étonnement, soupirent et s'éloignent en secouant la tête.

Samedi 8 août.

Les familles aisées de la région tenues par leur profession de demeurer, et pouvant disposer d'automobiles, ont envoyé leurs enfants vers des refuges, dans l'ouest ou le midi de la France. Toutes les personnes de notre connaissance, en villégiature ou qui ont des attaches à Paris, sont parties, laissant leurs propriétés à la garde de domestiques. De ce nombre est la propriétaire du château de Roche.

Quant à nous, bien que nous y soyons sollicités par des amis, nous ne songeons pas à regagner la capitale. Mon mari est persuadé que si les Allemands arrivent jusqu'ici, ils iront aussi assiéger Paris, où le danger, alors, serait pire; et puis nous aurions remords à quitter les simples au moment du danger, à nous éloigner de nos deux nièces, surtout de Nelly, si enfant et qui, nous partis, malgré la présence de son beau-père, se sentirait terriblement seule dans sa ferme dépendant de notre maison.

Mon mari, depuis le commencement de la mobilisation, a assumé de suppléer l'adjoint au maire, un vieillard de soixante-dix-neuf ans, à peu près sourd et très timoré. Il a tranché certaines difficultés, telles que l'attribution de secours aux familles indigentes privées de leur soutien, le ravitaillement des habitants et maintes autres opérations plus délicates, étant donné le caractère méfiant des paysans, par exemple : le dépôt à la mairie de toutes les armes en leur possession, opération n'ayant pas eu de précédent en 1870.

Dimanche 9 août.

L'artillerie passe ; elle se dirige vers le nord et le nord-est, vers Grandpré, vers Le Chesne. Les batteries ne s'arrêtent pas à Roche ; les villageois accourus les regardent passer. On offre aux artilleurs des fleurs, des fruits, de menues friandises. On voudrait leur donner davantage. On sourit, en leur souhaitant bonne chance, et pourtant des larmes montent aux yeux, dont on a peine à retenir le jaillissement.

Nous avons appris que les soldats français ont franchi la frontière d'Alsace et qu'ils sont à Mulhouse. Le combat aurait été violent et meurtrier ; mais les chants de victoire du *Petit Journal* n'en raffermissent pas moins les paysans.

Lundi 10 août.

Je suis allée à Attigny pour acheter des médicaments : les pharmaciens sont mobilisés, leurs boutiques sont fermées. L'entrée de la ville est barricadée avec des charrettes, et des factionnaires exigent le laissez-passer. Je n'ai trouvé non plus aucune provision de bouche : les magasins étaient vides et la plupart clos. Sur la place, devant l'hôtel de ville et près des restes du palais de Witikind, des chevaux amenés des environs stationnaient, entourant le bureau en plein air des réquisitions.

Mardi 11 août.

Les femmes des cultivateurs moissonnent et engrangent fiévreusement le blé. Elles s'entr'aident.

Les troupes continuent de passer. Dans les champs, sous le silence, les oreilles fines perçoivent le bruit du canon. S'agit-il d'exercices de tir au camp de Châlons, de la bataille de Lorraine, ou du bombardement des forts de Liége par la grosse artillerie allemande?...

Mercredi 12 août.

Il fait très chaud. Des soldats arrivent, qui demandent à se rafraîchir. Nous donnons du vin sans compter. Des autobus passent, portant encore l'inscription de leur itinéraire parisien; comme les soldats, ils sont décorés de fleurs; ils s'arrêtent, et leurs conducteurs se joignent aux camarades buvant dans les maisons. Pas un de ces hommes ne sait où en est la guerre.

Jeudi 13 août.

« Les Belges continuent à faire merveille... Les forts de Liège tiennent toujours... Nos troupes restent maîtresses de la Haute-Alsace... Les incursions ennemies dans les régions de Spincourt et de Manonvillers ont été repoussées... Le Kaiser comptait être le 11 à Paris; or, nos troupes débordent la frontière, nos deux ailes sont en Belgique et en Alsace, notre concentration a pu s'achever, et les Russes sont entrés en Prusse. » Voilà ce que les journaux reçus aujourd'hui offrent à nos méditations. Donc, ça va très bien. Pourtant Spincourt est en France. Faut-il croire que cette constatation n'a pas d'importance et que mensongère est la rumeur parvenue jusqu'à nous on ne sait comment, à savoir que les Allemands ont, depuis plusieurs jours et en masse, passé notre frontière, que Longwy est sur le point d'être pris, Lunéville en péril et Pont-à-Mousson détruit, que l'ennemi a franchi la Meuse en plusieurs endroits et que la Belgique est à moitié envahie? Des gens venus des régions où l'on se bat murmurent même qu'une armée ennemie approche de Dinant. Or, Dinant est singulièrement plus rapproché que Liège de notre département. Qui croire? Nous ne voudrions être dupes ni des journaux ni d'alarmistes.

Aujourd'hui, le ciel est « gris de chaleur ». Par la route d'Attigny arrive dans le village une colonne d'infanterie. Les soldats font halte; leurs armes sont mises en faisceaux, leurs sacs posés à terre. Devant notre porte, les officiers parlementent. Un bataillon ira cantonner à Chuffilly, un autre restera à Roche. Mon mari se met à la disposition du capitaine et du sergent-fourrier chargés du cantonnement, leur donne les renseignements nécessaires, les accompagne. Durant ces préliminaires de l'installation, les hommes se répandent dans les maisons et demandent à remplir leurs bidons, en tendant des pièces de monnaie que nous refusons. Ce sont des Normands : ils voudraient du cidre, nous n'avons, en fait de boisson présentable, que du vin à leur donner. Un soldat vient me demander une chambre pour un officier malade. J'acquiesce de grand cœur. Mais le capitaine revient avec mon mari et, après avoir jeté un coup d'œil sur la disposition des appartements, s'attribue une chambre et en assigne une autre à un sous-lieutenant. Les pièces choisies sont des pièces de façade, dont les fenêtres s'ouvrent sur la place du village, au carrefour des routes de Vouziers, d'Attigny, de Rilly-aux-Oies et de Voncq, routes que des postes garderont. La partie de la maison occupée par notre nièce et son beau-père, ainsi que les bâtiments d'exploitation agricole, reçoivent une section de mitrailleuses.

Réservistes du recrutement de Saint-Lô, ces troupiers sont, pour la plupart, gens aisés et pères de famille. Aussitôt casés, ils vont promener dans le village la nostalgie de leurs foyers, de leurs habitudes. Parmi les chefs, un seul fait partie de l'armée active : le capitaine logé chez nous. L'unique lieutenant porte un nom illustre.

Le sous-lieutenant, étudiant en théologie, nous parle de Péguy et de Claudel. Le commandant, cantonné au château, est un colonial en retraite.

Les habitants du haut du village viennent se plaindre d'avoir trop de soldats à loger, alors que les habitants de la partie ouest n'en ont point. Le capitaine, à qui cette plainte est adressée, fait d'abord la sourde oreille; puis, comme les villageois insistent et font transmettre leur réclamation par mon mari, il déclare, sans davantage s'expliquer, que cette répartition est ainsi faite parce qu'il lui faut avoir tous les hommes sous la main et sous l'œil.

Vendredi 14 août.

Dès l'aube, je vois des militaires faisant leurs ablutions au ruisseau de la route. Parmi eux, je reconnais le fourrier d'hier et devine qu'il est prêtre. Je fais part à Pierre de la remarque; il s'enquiert auprès du sous-lieutenant. Je ne me suis pas trompée : le fourrier est bien un curé et il y a un autre prêtre ordonné dans le bataillon.

Le silence continue de régner parmi l'agitation des occupants du village. Ignorent-ils vraiment où ils vont, quand ils s'en iront et pourquoi leur halte se prolonge? Les officiers disent attendre des ordres et se tiennent prêts à partir. Fraternels, paternels, parlant à leurs hommes comme à des égaux, ils les encouragent, veillent à leur équipement, les aident de conseils et, s'il y a lieu, de deniers. Pas un cri, pas un chant, pas une sonnerie de clairon. Les instructions et les ordres sont donnés sans éclat de voix.

Voici que dans le clair matin les mitrailleurs, portant sur l'épaule leurs mitrailleuses, s'en vont, face au soleil, par les chemins de Rilly et de Voncq, s'exercer dans les champs. Sans doute, la manœuvre n'est qu'un simulacre; elle ne nous évoque pas moins des massacres, et l'idée nous vient de demander aux prêtres soldats de célébrer à Roche, en plein air, la messe de l'Assomption. Le commandant, à qui nous en parlons, adopte avec empressement cette idée.

Sur ces entrefaites, ma nièce Emilie arrive du Mont-de-Jeux, village distant de quatre kilomètres, où elle demeure. Elle a parcouru la route à pied, en poussant devant elle une voiture d'enfant, dans laquelle se dodeline un bébé de quelques mois. Je la retiens à déjeuner.

Vers deux heures, tandis que, sous la suffocante chaleur, Pierre est allé à Sainte-Vaubourg chercher au presbytère les objets nécessaires à la célébration de la messe de demain, des voisines font irruption dans la maison. « Madame Emilie n'est-elle point chez vous? interrogent-elles. La voilà dans de beaux draps : les uhlans sont à Saint-Lambert! » (Saint-Lambert est situé à moins d'une demi-lieue du Mont-de-Jeux, avec lequel il forme commune.) Je cours m'informer auprès des officiers. Ceux-ci me rassurent. Est-ce l'effet de mon inquiétude? il me semble que les calmes assurances de ces messieurs voilent de la crainte. J'expose la situation de ma nièce, séparée de deux de ses enfants et voyageant à pied avec le troisième. « Cette dame, admet alors le commandant, fera bien de s'en retourner chez elle sans retard. Pour vous rassurer tout à fait, je vais lui donner une escorte, munie du mot de passe, qui l'accompagnera jusqu'au poste de la Croix de Wallart, point où finit mon action personnelle et où on relayera. » (Le calvaire de Wallart s'érige à mi-chemin de Rilly-aux-Oies, à l'intersection de la voie romaine qui de Trèves s'allonge jusqu'à Reims.)

Dès que mon mari est de retour de Sainte-Vaubourg, apportant les objets rituels, l'emplacement de l'autel est choisi par les officiers. Les deux prêtres soldats, auxquels viennent s'adjoindre des infirmiers semblant être aussi des ecclésiastiques, commencent de construire le reposoir dans la cour du château. J'apporte des draps fins, des serviettes, des flambeaux, des burettes ; et, comme les soldats hésitent à fixer avec des clous d'aussi belle toile, je leur enjoins en riant de dépecer s'il est nécessaire. Je voudrais pouvoir réunir là, afin que demain ils soient sacrés à jamais, tous les chers objets que je possède. J'ai détaché notre grand crucifix de bois sculpté; il surmontera le tabernacle improvisé... Une forte jeune fille aux yeux et au cœur mystiques, pour laquelle j'ai beaucoup d'affection, est venue, sa dure journée de moisson terminée, composer avec moi des bouquets; puis, toutes deux, nous nous sommes enquises d'un peu de vin naturel, de vin de messe. De vieux paysans, seuls dans le village à posséder une vigne, nous en ont, après réflexion, cédé une bouteille... Les préparatifs sont terminés. La nuit est tombée. Maintenant c'est, n'importe où, dans les champs, les jardins, les granges, la confession des soldats aux prêtres guerriers, sous un ciel plein d'étoiles.

En rentrant à la maison, je trouve les officiers devisant avec mon mari. Ils paraissent tranquilles. Pourtant, sous les propos de littérature du lieutenant, je crois découvrir des préoccupations plus graves et plus immédiates. Le capitaine a la parole claire ; mais ses yeux, levés au-dessus des interlocuteurs, errent dans le noir de l'embrasure de la fenêtre ouverte, son oreille est tendue aux bruits du dehors, une ride barre son front.

Vers minuit, de grands coups sont frappés à la porte d'entrée. Le cuisinier et les ordonnances couchés au rez-de-chaussée, dans la cuisine, ne s'éveillent point. J'entr'ouvre les contrevents de ma chambre, située au premier étage, et demande qui est là. C'est un cycliste apportant une communication au capitaine. Je descends ; j'introduis l'homme auprès de l'officier ; et, pendant que celui-ci, assis sur son lit, ouvre le pli, pour l'aider à lire j'élève très haut le flambeau qui tremble dans ma main. Après avoir lu, le capitaine dit simplement : « Ça va bien, nous aurons la messe demain matin. » Puis : « Rompez ! » fait-il au messager.

Je regagne ma chambre.

Samedi 15 août.

Bien qu'il soit de très bonne heure quand je vais chercher du lait à la ferme d'en face le château, j'aperçois à travers la grille, au fond d'une nef de verdure, blanche sur la blancheur du lin piquée de flammes de bougies, l'hostie élevée par deux mains vers le ciel. Au pied de l'autel, le militaire servant est prosterné; derrière lui, un petit groupe de soldats, agenouillés et profondément recueillis, prient. C'est la première ou la seconde des messes basses.

A huit heures, pour la grand'messe, le jardin du château s'emplit de monde. A gauche de l'autel, des chaises ont été réservées par les officiers aux gens du village. La cérémonie se déroule sous la ramure de hauts arbres, où chantent des oiseaux que le bruit du vent solennellement accompagne. Les fleurs des parterres embaument. Plusieurs centaines de soldats sont là, debout, respectueux et méditatifs, comme leurs chefs. L'officiant est un pâle jeune homme aux traits d'ascète, au regard d'extase. Dépassant la chasuble et l'aube, parmi cette verdure le pantalon rouge éclate et confère à cette religieuse silhouette une sublimité tragique. Le servant est le sous-lieutenant, notre hôte : on dirait un donateur de triptyque, humble et fier en même temps; de même que les gestes du prêtre, ses attitudes sont hiératiques. Nous autres, civils villageois, nous devons faire piètre figure auprès de ces guerriers... Le *Credo* est entonné par de mâles voix. Puis, c'est l'Elévation. Le silence, qui pèse étrangement, se ponctue du petit cri des hirondelles. Et, soudain, de l'éloignement arrive le grondement du canon. Ma voisine se penche vers moi. « Entendez-vous? » murmure-t-elle. Si j'entends!... Mais voici la Communion. Les officiers, en ordre hiérarchique, s'approchent de l'autel, bras croisés, s'agenouillent et reçoivent l'hostie. Les soldats les suivent, puis ce sont de modestes femmes du village. Lorsque, tourné vers ses frères, le regard au ciel dont aucune muraille ne le sépare, le célébrant appelle, d'un large geste, la bénédiction de Dieu sur l'assistance, le *Magnificat*, libre, immense et fervent, jaillit de toutes ces poitrines dont le canon appelle l'holocauste.

L'atmosphère s'embrume. Au déjeuner, les officiers, attablés devant la fenêtre ouverte, examinent le paysage. « Savez-vous, fait observer le capitaine à mon mari, que votre maison serait un excellent poste de défense, facile à organiser? D'ici, la vue s'étend à quatre kilomètres vers Vouziers. Des lucarnes de votre toit, on domine les routes d'Argonne et la Champagne, ainsi que la rivière d'Aisne. Mais, en même temps que ce serait un poste de défense et d'observation, ce serait, hélas! une cible parfaite pour l'artillerie... » Un instant après, revenant sur une question agitée l'avant-veille, il ajoute : « Si, durant ces trois jours, j'ai tenu à garder mon monde à portée, c'est que nous nous attendions à une alerte; la crainte aujourd'hui est dissipée. » Le lieutenant en paraît dépité; il réclame avec passion d'être mis en présence des Allemands, étant impatient d'en découdre.

Après le repas, le commandant vient s'entretenir avec ces messieurs. Il nous remercie avec effusion de notre hospitalité. Nous lui demandons son opinion foncière sur les choses de la guerre. Sa réponse est un douloureux point d'interrogation qui se réfugie dans l'intercession de la Vierge Marie.

De tradition ardennaise, la fête de l'Assomption est un jour d'orage. Ce dicton, aujourd'hui, se confirmera, car le tonnerre commence de se faire entendre. Cependant, comptant sur une après-midi encore de repos, les cuisiniers du bataillon, sur des feux en plein air, ont mis la soupe à cuire dans les chaudrons et les lessiveuses des ménagères.

Vers deux heures, un cycliste apporte l'ordre du départ à effectuer dans vingt minutes. L'ordre transmis, les marmites sont aussitôt renversées sur les feux, qui s'éteignent : on se contentera d'emporter la viande à moitié cuite. Les parlottes cessent entre habitants et troupiers. Le soldat se reprend tout entier ; sans protestation, il vaque avec célérité au rassemblement de son paquetage et de son fourniment. Puis, les sections et les compagnies s'alignent sur la route ; le commandement « en avant » est donné. Par la route de Rilly, la colonne s'en va vers le nord, flanquée des chefs qui, sabre au clair, œil dans l'infini, la conduisent au cœur de l'orage.

Au moment de sauter en selle, le capitaine s'est retourné vers nous et nous a dit de ne pas nous étonner d'entendre du bruit cette nuit, car trois corps d'armée doivent traverser le village.

Les bataillons cantonnés à Méry et à Chuffilly ont rejoint celui de Roche. A sa suite, ils marchent impavides, presque gais, armes, képis, capotes, chevaux et fourgons fleuris. Dans le fracas du tonnerre, sous de sombres nuées sillonnées d'éclairs, d'autres troupes d'infanterie avancent dans la poussière, puis d'autres, encore d'autres... A cinq heures, quand le passage des régiments s'interrompt, le vent se lève, furieux. La nue crève, le ciel s'écroule en torrents d'eau et de grêle. — Pauvres soldats! — Et le vent fraîchit, la colère du ciel s'apaise, le déluge se modifie, puis se change en une bruine pénétrante. On entend encore des grondements dans le lointain, dont on ne pourrait dire s'ils sont du tonnerre ou du canon.

A la nuit tombante, de nouvelles troupes arrivent en colonnes serrées. Cavalerie, infanterie, artillerie, génie, train des équipages défilent. La masse innombrable des hommes de France monte toujours vers le nord-est, sans parole, sous la pluie persistante, dans l'obscurité compacte. Si un soldat s'avise de demander le nom du village aux habitants arrêtés à regarder passer, vite un mot bref de chef impose le silence. Et, sans répit, sous nos yeux, l'armée passe, passe, passe.

Vers onze heures, l'humidité froide nous oblige à rentrer. Enfermés, le roulement de l'artillerie nous poursuit, nous étreint. Il me semble que ce fracas est un glas pleurant sans fin et que ces pas pressés, martelés, signifient la marche de la France entière vers le tribunal suprême...

Dimanche 16 août.

Ce matin le ciel est clair, trop clair, et le vent frais. Il a tant plu, que la route, déclive devant chez nous et nouvellement empierrée, se trouve lavée et porte à peine trace du défilé nocturne. Des villageois qui ne se sont pas couchés s'entretiennent sur le seuil des habitations. L'un d'eux décrit les bateaux « brillants comme de l'argent », qui passaient sur de longs chariots, et les pontonniers conduisant en postillon d'autres chariots chargés de madriers, les forges, etc., etc..

Tous les chemins qu'on découvre de nos fenêtres sont, l'après-midi, encombrés de la mouvante multitude guerrière. Devant la porte se déroule toujours le ruban bariolé et polyphonique des convois multiformes de plusieurs corps d'armée.

Lundi 17 août.

Mon mari est malade. J'envoie chercher à Attigny le docteur. Il arrive aussitôt. Bronchite double, fièvre intense. Est-ce l'émotion, la poussière remuée par les armées, la station d'hier soir sous la pluie? A Roche et dans les environs, c'est une véritable épidémie de grippe, d'entérite, de céphalalgie; j'ai moi-même un gros rhume.

Mardi 18 août.

L'état de mon mari me semblant avoir empiré, j'ai fait revenir en hâte le médecin. Celui-ci redouble l'énergie de la médication et prescrit la diète au champagne. Je suis très inquiète. J'oublie la guerre. Je suis envahie par la crainte insurmontable de voir mourir Pierre. Le remords me lancine de n'avoir pas voulu, il y a quinze jours, quitter Roche pour retourner à Paris. Cette bronchite, qui peut devenir fatale, ne se serait pas produite; ou du moins à Paris j'aurais eu médecin, pharmacien et garde sous la main. Tandis qu'ici, il faut faire huit kilomètres aller et retour pour n'être pas sûre de rencontrer le docteur, très occupé à cause de la mobilisation de ses confrères, et pour trouver closes les officines des pharmaciens.

Mercredi 19 août.

Mon malade ne va pas mieux, au contraire. Je ne sais que faire. Je suis seule pour le soigner; tout le monde étant occupé aux champs, je n'obtiendrais l'aide de personne. Je tremble. Le canon, qui gronde toujours à l'horizon, complète mon tourment.

Le torrent des armées semble tari. Il ne passe plus que de rares soldats. Des autobus de ravitaillement montent et descendent, à longs intervalles. Ce calme m'isole davantage dans ma peine.

Jeudi 20 août.

La fièvre est un peu moins violente. Pierre repose. Je guette son souffle haletant dans le lourd sommeil. Que ne puis-je aspirer la maladie pour qu'il en soit délivré !

Vendredi 21 août.

La bronchite s'atténue. Viennent maintenant les quintes de toux, les crachements. Je me reprends à l'espoir. Du reste le docteur, en auscultant, paraît aujourd'hui moins soucieux et, pour la première fois, il s'entretient avec mon mari des événements de la guerre.

Ce médecin, déjà âgé, a, en ce moment, plusieurs cantons à desservir; il assure en outre, sur un assez long trajet, le service médical du personnel des chemins de fer de l'Est. Il voyage donc beaucoup et entend beaucoup parler. Ce qu'il sait, ce qu'il croit des opérations militaires ne concorde en aucune façon avec les informations des journaux, ni même avec les communiqués officiels. Des trains d'émigrants belges passent à Amagne (bifurcation de lignes ferrées située à une quinzaine de kilomètres de Roche); on n'a guère le loisir ni le désir de questionner ces voyageurs hagards. Cependant, d'après le peu de paroles qu'il a entendues d'eux, le docteur ne doute pas de la réalité des atrocités dénoncées par les journaux et jusqu'ici mises par nous en doute. Les crimes allemands dépasseraient même en nombre et en horreur ceux des récits imprimés. Nous comprenons que, sans l'avouer, le docteur s'attend à l'invasion de notre contrée. Dans ce cas, partira-t-il? Il n'y est point décidé. Son devoir est de rester, autant que ce sera possible. Pour ce qui est de sa famille, les précautions sont prises; l'automobile est là en cas de besoin. En présence de la fragilité de Pierre, il nous blâme de n'avoir pas rejoint depuis quelque temps déjà notre domicile parisien. Partout, dit-il, les Allemands prennent des otages, les maltraitent, quand ils ne les tuent pas, les font marcher à force, les envoient prisonniers en Allemagne, sans égard pour leur âge ni pour leur état de santé. Néanmoins, conclut-il, bien que certains trains soient à Attigny un peu plus à la disposition des voyageurs civils, il ne faut pas songer pour le moment à un déplacement que cette bronchite interdit.

Samedi 22 août.

Nelly est toute à la joie d'aller demain, en compagnie de plusieurs autres femmes de mobilisés, voir son mari à Reims. Ce n'est pas la première fois que pareille excursion est entreprise par l'une ou l'autre de ces dames. Elles portent du linge et des victuailles à leurs époux, qui sont au dépôt ou dans les forts, et elles reviennent le lendemain un peu rassérénées.

Grâce à ces visites, comme on n'a pas encore de mauvaises nouvelles des gars du pays et que, d'autre part, le village ne voit plus guère de passages de troupes, on commence à trouver que la guerre est en somme assez douce. L'on voudrait bien qu'elle s'achevât ainsi. Il fait maintenant beau et chaud; on travaille à la moisson, on n'est plus dérangé. La fatigue ne compte que pour reposer l'esprit.

Dimanche 23 août.

Le canon, du côté du nord et de l'est, gronde avec intensité. Il serait puéril aujourd'hui de croire qu'il s'agit d'exercices de tir au camp de Châlons. Le roulement ne cesse pas. Je frissonne de la tête aux pieds; je pense à la multitude des hommes couchés par la bataille dans la mort.

Le médecin arrive et trouve mon mari mieux. Mon regret d'être restée à Roche ne s'en dissipe point, mais j'entrevois la possibilité de nous en aller bientôt, et ma conscience s'en apaise.

Un journal, arrivé tout à l'heure, me tombe sous les yeux et m'apprend, entre autres choses, les massacres de Lorraine. Des otages et des femmes ont été fusillés. Le communiqué, vieux de trois jours, dit que l'ennemi a franchi la Meuse près de Dinant, que les forts de Liège et de Namur tiennent toujours et qu'une grande bataille en Belgique est imminente. Le canon, entendu si distinctement, indiquerait donc que cette bataille est livrée?

O mon Dieu, donnez-nous la victoire!

Lundi 24 août.

Le docteur permet à Pierre de se lever pendant une heure. Il nous apporte de mauvaises nouvelles de la guerre. Selon ce qu'il a appris, la bataille de Belgique serait mal engagée pour nous, et les Allemands approcheraient de Sedan. Il fait une navrante description des convois d'émigrants. Il faut s'attendre à ce que, d'une minute à l'autre, les trains venant de Charleville soient supprimés et les voies coupées à bref délai. L'espoir de pouvoir nous en aller à temps diminue. Quand mon mari sera-t-il en état de voyager? Le médecin ne peut encore répondre à cette question.

Le soleil est doux; l'air est léger et parfumé. Des soldats entrent à la maison et demandent à se rafraîchir. Ils nous disent être des Bretons d'extrême ouest; leur régiment serait le dernier de ceux appelés vers la Belgique.

Le canon ne cesse plus de tonner. Par moments, un fracas énorme au loin, comme d'une ville foudroyée qui s'écroule!..

Après les Bretons, des groupes étranges passent. Ils semblent être de ces équipes de betteraviers flamands accoutumés de venir, en cette saison, travailler à la récolte. Ces passants portent des baluchons sur le dos. Mais, au lieu du pas nonchalant et de l'air en goguette des flamands d'antan, ceux d'aujourd'hui marchent rapidement, tête baissée et couverts de poussière. On trouve extraordinaire que tant de betteraviers circulent. Les paysans ardennais n'aiment guère ces étrangers; on ne les questionne pas; ils passent vite d'ailleurs et ils comprennent difficilement le français. Serait-ce le commencement, sur nos routes, de l'exode belge?

Vers quatre heures, Nelly rentre de Reims

avec ses compagnes de voyage. Ce qu'elles rapportent des bruits de la guerre est terrifiant. Elles ont vu, dans les trains bondés, une douloureuse surexcitation; les gares étaient pleines d'émigrants aux visages de désespoir, attendant leur tour d'être transportés Dieu sait où. Ce que l'on comprend des récits de ces malheureux confirme les atrocités relatées par les journaux. Il y aurait eu des rafles d'habitants, que les Allemands auraient ensuite emmenés en captivité, ou torturés, ou fusillés, ou bien placés comme boucliers devant leurs troupes à l'assaut; des enfants auraient été séparés de leurs parents et, perdus, seraient morts dans les bois; des nourrissons auraient été tués dans les bras de leurs mamans; des petits garçons auraient eu les oreilles coupées et des petites filles les poignets tranchés. Partout où passe l'ennemi règnent le pillage, l'incendie et la destruction. L'horreur meurtrière de la bataille dépasse l'imagination; la Meuse roule du sang, on passe les rivières à gué sur les cadavres; la Sambre, du côté de Charleroi, obstruée par l'amoncellement des morts, a débordé, inondant de rouge la prairie. Givet, Sedan sont pris, Mézières va l'être... Faut-il ajouter foi à ces récits? Les émigrants n'au raient-ils pas, en se sauvant, cédé à une paniqu provoquée par des faits isolés et grossis pa l'imagination?

Mardi 25 août.

Le canon se rapproche... Je me lève de bon matin. Il fait blond et la terre est engourdie d rosée.

Telle qu'une ombre chinoise, sur le solei levant une voiture de luxe à deux chevaux s découpe, arrivant au village par la traverse d Voncq. Elle s'arrête sur la place; les voyageur descendent. Ce sont des riches : un vieillar dont la boutonnière s'orne de la rosette de l Légion d'honneur, une dame âgée aux vêtement cossus et fripés, deux servantes. Le cocher es resté sur son siège. Tous paraissent transis L'aspect des maîtres, hautain et humilié er même temps, est cause que personne n'ose le questionner; et cependant chacun a le pressen timent que ceux-là sont les précurseurs d'une débâcle inouïe et fatale. On ose d'autant moins les questionner que la dame ayant demandé à acheter des comestibles, on a été obligé de lu répondre négativement. Pour se réchauffer sans doute, ils s'éloignent à pied dans la direction de Chuffilly. Sur un signe du maître, le cocher remet son équipage en marche et suit doucement; mais, sans que nous le lui ayons demandé, il a eu le temps de nous glisser que ses chevaux sont très fatigués, car, partis hier soir de Sedan, ils ont voyagé toute la nuit. « Beaucoup d'habitants de cette ville, a-t-il ajouté, se sont enfuis. »

La riche caravane n'est pas hors de vue que, venant confirmer nos appréhensions, d'autres familles débouchent de la route d'Attigny, traversent le village et s'enfoncent dans la même direction Ceux-ci, des pauvres, s'exilent à pied; des trains trop pleins les ont dégorgés quelque part. Ils marchent le dos voûté; presque tous portent des ballots, et ils s'en vont plus loin, toujours plus loin, talonnés par la terreur. L'exode, nous le sentons, ne s'arrêtera plus.

Mon mari a voulu se lever; le voici installé près de la fenêtre de notre chambre. Le docteur entre; il nous confirme les récits rapportés de Reims par les villageoises; il en a lui-même recueilli d'identiques de bien des bouches d'émigrants. Les trains d'Attigny à Amagne, annonce-t-il, vont être supprimés. En ce moment, dans les derniers trains monte qui veut, en payant ou sans payer. A la gare d'Attigny, c'est une ruée sur les voies, un assaut des wagons, pour l'accès desquels on se bouscule, on se querelle. Le retour n'est pas garanti. La foule ne se compose plus uniquement de Belges, mais d'Ardennais du nord et du mitan.

Vers midi, un détachement du génie arrive par le chemin de Rilly, suivi de son mystérieux matériel, dont une forge tout allumée et traînée par des chevaux. Les hommes traversent lentement le village, en observant à droite et à gauche. Arrivés au petit pont sur le ruisseau de la Loire, ils font halte et, après avoir étudié l'endroit, retirent d'un de leurs fourgons des espèces de boîtes — rapportent les gamins accourus à leur suite, — boîtes qu'ils se mettent en devoir de faire adhérer à la maçonnerie.

Une vieille amie de Rilly-aux-Oies arrive à la maison. Nous lui demandons si elle a l'intention de partir. C'est par cette question que tout le monde s'aborde aujourd'hui. Or partir, c'est abandonner les aîtres si chers, les souvenirs et tout ce qui attache les personnes d'âge à la vie. On se révolte, on se cabre devant l'occurence, et, dans la rage de se sentir en face de la même nécessité, on calomnie ceux qui fuient : ce sont des froussards, des sans-le-sou, qui vont se faire héberger, etc... Mais cela n'empêche pas les malheureux émigrants de se succéder sans interruption sur la route, comme sur l'écran d'un cinématographe. Nous le faisons observer à notre visiteuse. Cela l'émeut... Elle prend congé.

L'auto du notaire stoppe devant la porte. Je lui avais fait tenir hier, par le docteur, mon testament griffonné dans la nuit du 15 août. Je descends en hâte le recevoir. La sueur coule de son front. Il est venu en vitesse, car les minutes ne sont point à gaspiller dans les présentes conjonctures. Il m'instruit en quelques mots des droits et des devoirs des testateurs; et, devant ses observations, je ne puis m'empêcher de songer qu'il parle ainsi aux mourants quand il est appelé à recueillir leurs dernières volontés.

Nous montons retrouver mon mari. L'on s'entretient de la guerre. Le notaire nous apprend que toutes les gares de la ligne d'Amagne, y compris celle d'Attigny, sont maintenant fermées. Le pont sur l'Aisne est miné; ceux de Rilly, de Semuy et de Voncq le sont aussi. Pierre expose les probabilités d'une bataille dans la région, le passage de l'Aisne devant en former le motif; il fait remarquer que la plaine où nous sommes est entourée de hauteurs propices. Le notaire se range à cette opinion. Pourtant, bien qu'il soit décidé à ne pas exposer inutilement les siens et lui-même à des dangers de bombardement et d'invasion, il quittera Attigny le plus tard possible. Les papiers importants de son étude sont dès à présent en sûreté (1).

Mercredi 26 août.

Le canon a tonné toute la nuit, de trois points cardinaux, eût-on dit. Il se rapproche encore. Les pas de la cavalerie ont résonné comme une grêle serrée sur la route dure et se sont confondus avec le roulement des convois.

Vers sept heures du matin, par les chemins de Rilly et de Voncq, de l'infanterie arrive, très fatiguée. Ces troupiers ont fait de longues marches, se retirant vers le sud, du point où ils avaient été amenés. Tout à l'heure, quand

(1) Nous avons appris par un rapatrié du mois d'avril 1915 que tous les papiers de l'étude de ce notaire ont été, dès les premiers jours de l'occupation allemande, jetés dans la rue et dispersés.

ils seront un peu reposés, ils se dirigeront en effet du côté de la Champagne. Ils ont chaud et soif. Comme il n'y a plus rien dans nos caves, des voisines et moi emplissons des seaux aux puits et aux citernes, et les soldats viennent y puiser avec leurs bidons et leurs quarts. Quand ils ont bu, ils s'affalent le long des murs et des haies. Ces hommes n'ont pas vu le feu, mais, un moment, ils se sont trouvés mêlés à des troupes qui se sont battues. Ils ont appris par elles les causes de la défaite, . .

. . . .

. . . .

D'ailleurs on a été dérouté par les méthodes de guerre de l'ennemi : les Allemands creusent, pour s'y cacher, des trous profonds qu'ils recouvrent de chaume, de branches, d'herbes, de façon que nous ne puissions même deviner leur présence ; ils entourent ces terriers de fils de fer presque invisibles, et, quand nous arrivons à portée et que nous trébuchons dans les fils, ils tirent et mettent en action leurs nombreuses mitrailleuses, dissimulées elles aussi ; si bien que nous sommes exterminés sans même avoir vu un casque à pointe. Il n'est pas étonnant que nos secondes lignes, en présence de l'hécatombe des camarades fauchés sans avoir combattu soient prises de panique.

Le facteur arrive. Il se mêle au rassemblement, écoute les propos et est à son tour questionné. Il n'a ni lettres ni journaux pour personne. Les nouvelles verbales qu'il apporte confirment celles données hier par le notaire : gares fermées, voies rompues ou sur le point de l'être ; Mézières, Charleville, le fort des Ayvelles, Sedan, évacués, pris ou près de l'être. « Ah! s'exclame-t-il, les grosses pièces des Ayvelles dont la mise en action devait ébranler la terre et briser les vitres dans un rayon de douze kilomètres, elles n'ont même pas été mises en place ! » Il ajoute que l'état-major, monté, voici dix jours, de Grandpré vers le nord, y est revenu cette nuit. Les paysans frémissent à l'écouter. Une protestation s'élève : « Tu es un fumiste, facteur, tu nous en contes ! — Vous verrez ça tout à l'heure si c'est de la blague ! » En tout cas il a l'ordre de cesser la tournée, et il va condamner l'ouverture de la boîte aux lettres. Après quoi, enfourchant sa bicyclette, sans plus s'arrêter chez personne, rejoignant et dépassant les troupes qui se sont remises en marche, il se dirige à grande vitesse vers Chuffilly.

A peine la place du village est-elle dégagée, que du rassemblement des villageois s'élèvent des clameurs. Angoisse, indignation, colère surtout. C'est que, cette fois, la réalité, comme un éclair, les a éblouis. Ils se lamentent avec passion : « Avons-nous été assez bernés, leurrés, moqués par les journaux! Et ce gouvernement de malheur qui n'a rien su prévoir pour la défense, ces sales politiqueurs bons à nous dorer la pilule et à bouffer les curés! Bande de traînards, capables seulement de détourner nos jeunesses et de semer le scandale à Paris!... Qu'allons-nous devenir? Rivés par le devoir à la terre, et tout de suite par la moisson, voici que nous ne savons plus ce qu'il va advenir de notre grain, de notre bétail. Si seulement le gouvernement avait pris des mesures pour mettre toutes ces richesses à l'abri ! Ce sera donc pour le roi de Prusse que les femmes, les gosses et les vieux se seront esquintés jour et nuit à récolter le blé, à entretenir le bétail; pour l'armée de Guillaume que nos hommes ont, au prix de quelles peines et de quels sacrifices, réussi à créer par sélection une des meilleures races de chevaux de trait; pour l'empiffrement de cette armée que nous avons rempli nos pâtures et nos étables de bœufs gras et de vaches aux lourds pis? C'était bien la peine de se donner tant de souci et de mal afin de rénover dans la culture, afin de renouveler la richesse agricole! » Le groupe en révolte s'excite à sa propre voix. . . . .

. . . .

. . . .

. . . .

. . . .

. . . .

. . . .

. . . .

. . . .

. . . .

. . . .

. . . .

. . . .

. . . . des femmes déjà vieilles content ce que fut en 1870-71 l'occupation allemande. Elles rappellent les menaces de meurtre, d'incendie, les sévices, la faim, le typhus, la variole, Voncq brûlé aux trois quarts, les hommes valides s'enfuyant, se cachant dans les oseraies, et ensuite découverts et emmenés comme otages. « On va donc revoir ces mauvais jours? Ah! vraiment, il n'est pas juste que ce soient toujours les mêmes qui souffrent de la guerre et qui soient dépouillés sans recours (1). » Mais une voix bougonne fait soudain observer que la rosée est tombée et le soleil déjà haut; il serait temps d'aller aux champs.

Tant est tenace l'accoutumance au travail de la terre, que chacun rentre chez soi pour y prendre sa faulx ou sa faucille. Aller aux champs est pour eux comme un besoin physique; certes, les serfs n'étaient pas plus attachés à la glèbe. Le pur paysan est sceptique à l'endroit de tout ce qui n'est pas la nature, la succession des saisons, les travaux spéciaux à chacune de ces saisons; il ne peut arriver à prendre au sérieux autre chose que cela. Il va jusqu'à ne pas croire ce qu'il dit lui-même sincèrement, ni sa pensée, ni même ce qu'il voit qu'il n'avait jamais vu. Aussi bien, sous le bruit du canon, le calme revient-il au village.

Quelques instants après l'émeute, je croise le dépositaire du *Petit Journal*, esprit fort qui, en riant aux éclats, me demande si j'ajoute foi

(1) En 1871, les dommages de guerre ne furent pas réparés. A titre de secours, on fut indemnisé au dixième des pertes.

aux nouvelles apportées ce matin. Quant à lui, cinq minutes de réflexion ont suffi pour le mettre en garde contre les inventions du facteur; il déclare ne rien croire du tout et s'en aller tranquillement à sa besogne. Je lui réponds doucement : « Dans trois ou quatre jours, les Allemands seront ici. » Il rit plus fort et poursuit son chemin, non sans toutefois me faire remarquer que les avions ne montent plus à présent, c'est-à-dire ne se dirigent plus vers le nord, mais descendent, c'est-à-dire vont vers le midi, en se tenant très haut, si haut qu'on les voit et les entend à peine.

Vers midi passe une colonne singulière de civils. Ce sont des terrassiers et des employés de chemin de fer, encadrés par quelques militaires. Musettes au flanc, rouges de chaleur, poudrés de poussière, les terrassiers, la pelle ou la pioche sur l'épaule, marchent en ordre relatif; les cheminots, eux, suivent comme un troupeau capricieux de béliers noirs. L'un de ces derniers, dont les parents demeurent à Roche, s'échappe du rang et vient à nous; il nous confie que la colonne se compose d'auxiliaires du fort des Ayvelles et d'employés de l'Est aux ateliers de Mohon. Les uns et les autres sont des évacués; ils sont conduits au ralliement, à Vouziers.

Le flot des émigrants grossit d'heure en heure. Ce ne sont plus seulement des piétons. De lourds véhicules passent maintenant, chargés de femmes et d'enfants assis sur de la literie, des malles ou des paquets, et sont suivis de théories de jeunes filles et de vieillards flanquées d'adolescents cyclistes. Tout ce monde a le regard trouble, l'allure ivre. S'ils sont ivres, c'est de terreur. Leurs yeux ont gardé la vision de la bataille, des incendies; ils entendent encore les cris des mourants et racontent la fuite parmi des péripéties mal précisées en leur émotion. Ils arrivent de Charleville, de Sedan et des bourgs ou des villages de cette région; ils ont tout abandonné, n'ont qu'un mobile, celui de sauver leur existence, celle de leurs enfants, l'honneur de leurs filles. Un vieux, qui s'est arrêté avec sa charrette où s'entassent des malheureux, me demande un seau d'eau pour son cheval. Comme les autres, il a l'œil fou, l'attitude flageolante. Je le questionne, tandis que sa bête boit. Il me dit être venu de Belgique, des environs de Tirlemont. Des pâturages où il travaillait, il a vu l'envahissement de son terroir par des hordes plus nombreuses que les feuilles d'un chêne de cent ans; il a assisté à l'incendie de son village, de sa ferme, et, quand il a aperçu ses fils s'enfuir en courant, il a enfourché le premier venu de ses dix-neuf chevaux paissant, le poulain ici présent qu'il nomme « le gamin ». Depuis, sans avoir pu rejoindre ses enfants, il erre. A Gespunsart, on lui a prêté les harnais et la charrette. Maintenant il s'emploie à transporter des émigrants. Où les conduit-il? Il n'en sait rien. Il devance l'armée française en retraite et ne s'arrêtera que quand elle s'arrêtera. Je lui demande s'il faut accorder créance aux récits d'atrocités. Son visage se fait plus hagard et son maintien plus tremblant. « Ce que j'ai vu, madame, dit-il, est si horrible que je n'oserais le raconter. Ah! oui, c'est trop affreux, trop! »

Très émue, je rentre à la maison, près de mon mari gardant toujours la chambre. Le médecin arrive. Il demande au malade s'il est résolu à demeurer à Roche. « Comme médecin, m'autorisez-vous à partir? — Non, pas encore aujourd'hui. Pourtant vous allez mieux. Je crois, d'autre part, que nos armées vont tenir l'ennemi en échec pendant quelques jours. Et puis, savez-vous, voyager en chemin de fer est devenu très difficile. Pour gagner Paris, il faudrait se faire conduire rapidement à Amagne ou à Rethel et, dans l'une de ces gares, attendre patiemment un train surencombré, où l'on ne trouverait probablement place que dans un wagon à bestiaux, et qui mettrait vingt-quatre heures au moins pour mener à destination. Je ne vous vois pas, dans votre état et avec votre nervosité, engagé dans cette aventure. » Evidemment, le docteur a raison. Le mieux est donc de se préparer à recevoir les Allemands.

Le médecin parti, j'ai fait venir le beau-père de Nelly et lui ai parlé en ces termes : « Vous allez vous rendre à Attigny chez notre maçon et vous lui direz qu'il faut, entendez-vous, qu'il faut qu'il vienne demain au plus tard ouvrir la séparation de nos logements. » Si mon commissionnaire reproduit le ton que j'y ai mis, je suis sûre de la venue de l'ouvrier. Aussi, aidée de ma nièce, je confectionne la portière destinée à voiler la communication d'un logement dans l'autre.

Quand arrive le soir, je suis extrêmement fatiguée. Je voudrais me reposer. Mais comment se reposer quand toujours gronde le canon et que sur le rude macadam, sous ma fenêtre, retentit le roulement des convois de l'armée qu'on sait en retraite?

Jeudi 27 août.

Avant le lever, un roulement formidable dont tremble la maison. C'est le passage des autobus qui, depuis plusieurs jours, vont au ravitaillement à une vingtaine de kilomètres au sud.

Pierre, voulant reprendre vite des forces, se lève de bonne heure et descend. Il est à peine installé dans son fauteuil, que le beau-père de notre nièce du Mont-de-Jeux arrive, nous apportant ses adieux et ceux d'Emilie, car ils vont partir. Cette nouvelle nous donne un coup au cœur. « Qu'est-ce qui vous fait prendre cette détermination? demandons-nous. — Le châtelain du Mont-de-Jeux, officier d'état-major, avait avec sa femme convenu d'un signe pour le cas où la fuite deviendrait nécessaire; le signe a été reçu, la châtelaine m'en a fait part; elle s'en va aujourd'hui même rejoindre ses sept enfants en Bretagne. — Voyons! vous, combattant de 70, quelle impression avez-vous des opérations militaires actuelles? — Aucune, puisque les faits réels sont évidemment cachés au public. Si j'avais été seul, j'aurais, malgré l'infirmité résultée de ma blessure de 1870, repris du service, fût-ce comme simple soldat; mais mon fils (1), en partant rejoindre son régiment, a confié à ma garde sa femme et ses enfants. Je suis donc resté, et j'ai le devoir de mettre tout ce monde à l'abri. Emilie se résigne avec peine au départ. Quel deuil c'est pour elle de quitter sa maison et ses habitudes! Il m'a fallu la raisonner longuement avant de la décider. — Comment partirez-vous? — A pied. — A pied! Avec les trois petits garçons? — Oui, jusqu'à ce que nous trouvions une gare où les voyageurs soient admis. — Et vos animaux, qu'allez-vous en faire? — Leur fera un sort qui voudra. Nous lâcherons le porc, nous ouvrirons les portes du colombier, du poulailler, du clapier. — Où irez-vous? — Nous ne savons. Peut-être en Bretagne. »

L'après midi, le maçon arrive et débouche dans une cloison la porte murée. Nous installons la portière, qui fonctionne sur sa tringle. La maison ne formant plus désormais qu'une habitation, en cas de besoin ma nièce, son beau-père

(1) Blessé grièvement et disparu sous Verdun, le 29 mai 1916.

et nous pourrons sans sortir nous réfugier les uns chez les autres. Toutes les fenêtres du rez-de-chaussée sont garnies de barreaux de fer ; il y a des doubles portes. C'est une forteresse, forteresse illusoire, c'est vrai, mais forteresse tout de même. Est-ce qu'on sait?

Vers trois heures commence à passer, allant vers le sud, un interminable convoi militaire formé, en majeure partie, de véhicules réquisitionnés dans tous les coins de la France : voitures de toutes formes, de toutes dimensions, de toutes enseignes, de tous attelages, conduites par des militaires ou par des civils, escortées par des cavaliers. Et voici que les autobus de retour — ils étaient cent vingt ce matin — croisent en trombe le convoi, soulevant des colonnes d'une poussière qui se rabat et voile tout. Pendant une heure on ne voit plus rien. Les oreilles sont suppliciées par le roulement.

A la nuit tombante, le convoi n'a pas fini de passer. Les habitants du village, rentrés des champs, regardent d'un mauvais œil ce cortège fantastique. Pour un peu, ils le hueraient. Si un tringlot de l'escorte, assoiffé, demande un quart d'eau, on lui désigne d'un air rogue la fontaine, où il est libre de puiser, et, s'il s'y attarde avec des camarades, on leur enjoint aigrement de ne pas salir l'eau. Dans l'esprit simpliste des paysans, une armée qui recule n'a pas su défendre la terre; elle n'est digne d'aucun égard, et on le lui fait sentir.

Les terriens de Roche ont des entêtements inexplicables. Il est vrai que ces entêtements sont une vertu. L'invasion est à leur porte, inévitable; cela ne les empêche pas de s'acharner au travail de la moisson, et ils ne comprennent même pas qu'ils devraient avant tout préserver ce qu'ils possèdent chez eux. Mon mari leur dit: « Pourquoi persister à vous fatiguer dans les champs? Vous ne voyez donc pas que ce ne sera point vous qui profiterez de ce labeur? Avisez plutôt aux moyens de sauver votre bétail, votre mobilier, en un mot de mettre ce qui est acquis en sûreté. Non? Voulez-vous que j'essaie de prévenir l'intendance, afin qu'elle réquisitionne? Non? D'ailleurs je crois qu'il serait trop tard. Pour sauver tout cela vous ne devez compter que sur vous-mêmes. Remplissez les chariots, les charrettes et les tombereaux de meubles, d'ustensiles, d'outils, de grain, attelez les chevaux aux voitures, aux machines, et partez! Réunissez en troupeaux les juments et les poulains, les bœufs, les vaches, les moutons et chassez ces bonnes bêtes devant vous, dans la direction du midi, loin, toujours plus loin. Chacun de vous démêlera son bien plus tard. — Et avec quoi nourrir les animaux le long de la route? — Vous les ferez paître dans les champs en bordure du chemin. — On dresserait des verbalisations contre nous. — Bast! Vous laisserez dresser Le service que vous aurez rendu à la France en agissant comme je vous l'indique méritera que le gouvernement annule les procès. — On verra décident-ils. Ça s'arrangera peut-être. En tous cas, il faut encore rester, rapport à la moisson...

C'est qu'ils gardent au fond d'eux-mêmes une singulière illusion sur les réalités de la guerre Malgré le tonnerre de la canonnade s'approchant toujours, l'invasion demeure pour eux un événement très distant et la guerre un luxe, un jeu de gouvernements, pour lequel ceux-ci emploient des bras vigoureux qui seraient bien plus utiles à la charrue. Quand, les jours précédents, ils accueillaient les soldats de passage, c'était en quelque sorte pour les payer du spectacle d'animation apporté avec eux; ce qui ne les empêchait pas de penser que cela leur coûtait gros et leur volait du temps. Les plus braves cœurs croyant être généreux, offrent bien encore du cidre un peu piqué, une bouteille de vin délayée dans un seau d'eau : ce sont ceux, celles plutôt dont les fils ou les maris sont mobilisés. Il entre alors dans cette générosité je ne sais quel mobile d'intérêt appelant mystiquement la réciprocité. Nous serions bien heureux, pensent-ils, qu'on en fît autant pour les nôtres. Je ne crois pas qu'un seul paysan de chez nous se soit, à aucun moment, représenté les soldats sur le champ de bataille face à face avec la mort, se soit dit que dans quelques jours celui-ci, celui-là, d'autres seraient tombés après avoir subi le martyre de la peur, l'horreur de tuer et de voir tuer; . . . .

. . . .

. . . .

. . . .

Vendredi 28 août.

Le bruit du canon grossit de plus en plus. A deux heures du matin, ses coups redoublent.

Sortie dès le jour, je vois positivement les vibrations de l'air. La bataille est à Raucourt, Launois, Signy-l'Abbaye, c'est-à-dire à vingt-cinq kilomètres de nous. Tout ce qui rôde, tout ce qui s'agite, tout ce qui s'affaire dans la zone d'opérations d'une armée moderne, bribes de régiments de chaque arme, automobiles de chefs, matériel d'ambulances, fourgons de ravitaillement, circule dans toutes les directions. Sans compter les émigrants, dont le flot enfle toujours. Aucun des soldats passant ou venant, et que l'on questionne, ne sait où il va, au delà du village voisin. Auprès des habitants ils sont sans exigences, sans plaintes ; ils ont l'air résigné. Beaucoup portent ostensiblement des chapelets, des médailles, des scapulaires ; il est très fréquent de les voir, au repos ou en marche, faire le signe de la croix et se recueillir comme pour prier. Si le commandement vient détacher des hommes d'une compagnie, les partants sont par les camarades embrassés affectueusement. Il en est de même pour les cyclistes, quand ils partent en mission. Les officiers, en général, se montrent bienveillants ; mais, remarque pathétique, les officiers deviennent rares et leur regard, en se fixant sur l'horizon, se charge d'une infinie anxiété.

Pendant ce branle-bas, le médecin arrive. Il prend un visage joyeux. « Ne vous inquiétez pas, dit-il, tout va bien ; nous les repoussons ;

j'espère pouvoir encore visiter mes malades demain. Vous pouvez partir, conclut-il, après avoir ausculté mon mari, à la condition que ce soit dans une automobile bien close qui vous mène rondement jusqu'à Reims. Là, il y a encore un train par jour pour Paris. Allons, bon voyage, bonne chance! Je ne reviendrai plus. » Et, en nous quittant : « Vous avez bien compris, répète-t-il, une auto fermée, et si vous êtes décidés à partir, ne remettez pas à plus tard. »

Dès que j'en ai le loisir, je cours en voiture m'enquérir à Attigny d'une auto. A ce moment, l'intense va-et-vient du matin s'est atténué, la route est modérément encombrée d'équipages militaires, le temps est beau. Dans les champs, je vois un moissonneur faucher placidement une avoine; des javeleuses derrière lui se hâtent de lier et de dresser les gerbes. Un kilomètre avant d'arriver à Attigny, je trouve de nombreuses troupes d'infanterie et de cavalerie bivouaquant à droite et à gauche dans les terres et dans les briqueteries. En entrant dans le bourg, je m'aperçois que j'ai oublié mon laissez-passer, et la rue est barrée par un camion et des herses! Mais la sentinelle, physionomiste sans doute, après m'avoir regardée, détourne sans mot dire les brancards du camion, et je passe.

Les habitants d'Attigny sont en émoi. Hors des maisons on est attroupé, et l'on commente ou délibère. Je m'étonne de voir peu ou point de soldats sur la place et dans les rues. On me dit que les troupes sont postées autour de la ville et que celle-ci leur est consignée. Un brave homme, déjà renommé pour son optimisme exubérant, vient à moi. Il est blême, vieilli. Je m'inquiète de sa santé. « Je suis malade, répond-il; les mauvaises nouvelles me cassent bras et jambes. Néanmoins, j'espère toujours. Oui, c'est sûr, nous serons victorieux! »

Je m'entends avec le loueur d'automobiles. D'abord, il est convenu que le départ aura lieu demain matin : pas de bagages, un sac de nuit tout au plus. Puis, devant l'insistance d'un autre client, surenchérisseur sans doute, l'homme se ravise et ajourne à dimanche.

Quand, rentrée, j'expose à mon mari le résultat de ma négociation, il opine que dimanche, ce sera trop tard. « Mais, ajoute-t-il résigné, nous sommes sans doute destinés à subir l'invasion. »

Il s'agit à présent de faire nos préparatifs. Je vais chez l'adjoint faire signer et timbrer le sauf-conduit nécessaire. Puis j'appelle Nelly :

« Es-tu toujours décidée à ne point quitter Roche? — Je partirais bien, mais comment mon beau-père s'arrangerait-il tout seul? Il y a les vaches à traire, la moisson à terminer; il ne voudra pas me laisser partir. — Je te répète, insiste mon mari, que la moisson ne sera pas pour vous et que vous devriez seulement songer à sauver ce que vous tenez en ce moment. Ton beau-père ne comprend pas la situation; ce serait malaisé de la lui faire comprendre. Il faudrait penser avant tout à mettre en sécurité ton enfant. Tu as des chevaux, une voiture, un domestique : pourquoi ne te ferais-tu pas conduire à Reims? A Reims, tu le sais, est une dame qui t'accueillerait avec joie et chez laquelle tu pourrais demeurer en attendant les événements. — Je verrai, j'en parlerai à mon beau-père. » Elle n'osera jamais prendre une décision. Je lui renouvelle mes recommandations : « Si tu restes et que les Allemands viennent à Roche, sois prudente, ouvre-leur notre logis et laisse-les en disposer. Tiens-toi le moins possible avec eux. Ne ris pas en leur parlant, et veille à ce qu'Hélène, ta fillette, ne leur fasse niches ni grimaces. » Il y a plusieurs jours, je lui ai conseillé de porter sur elle, dans un cache-corset qu'elle ne quitterait ni jour ni nuit, ses billets de banque et son or, valeurs que, de connivence avec son beau-père, elle avait cachées, avec des bijoux, sous un pavé d'écurie. « Quant aux bijoux, ils seront autant en sécurité dans ton armoire que dans l'écurie; et laisse la clef sur l'armoire, afin qu'on n'en enfonce pas les portes... »

Ensuite, c'est dans la maison l'inévitable visite aux souvenirs. J'explore parmi les chambres et dans les meubles. Et voici que tout à coup une foule d'objets auxquels je n'attachais aucune importance prennent à mes yeux une inestimable valeur; pourtant il ne faut songer à emporter quoi que ce soit d'encombrant ni de pesant. La plupart de ces objets sont pour moi des reliques. Plutôt que de leur laisser courir le risque d'une profanation, l'idée me vient de les réunir et d'en faire un autodafé; mais je ne puis m'y résoudre, ce serait m'arracher le cœur. Aussi, avec d'infinies précautions, mes mains frémissantes remettent-elles religieusement en place ces choses, auxquelles je dis adieu du regard et des lèvres, m'attendrissant davantage sur les plus humbles, à cause des événements qu'elles rappellent. Dans le double fond d'une commode, je place l'argenterie et de très précieux papiers. Tout le reste gardera sa place habituelle et les clefs resteront aux portes et aux armoires. Dans la seule petite valise se pouvant emporter, je serre quelques bibelots légers dont la valeur n'existe que pour moi : ce sont des objets dont rien au monde ne me ferait me séparer.

Nous rassemblons les livres dispersés un peu partout dans les chambres, et nous les rangeons dans les bibliothèques; j'en empile sur le profond rayon d'une armoire ancienne. C'est une volupté, douloureuse aujourd'hui, que de passer les doigts sur les couvertures, d'entr'ouvrir les volumes, de respirer l'odeur d'imprimerie, de se remémorer, au fur et à mesure qu'on les a en main, la circonstance de leur acquisition, les impressions éprouvées à leur lecture. Ces livres qui faisaient la joie et l'intérêt de la vie, il nous faut donc les quitter! En régularisant les piles dans le meuble sculpté, j'ai la sensation de protéger, et vainement, une tombe d'enfant qui serait ornée de fleurs, un jour d'orage, sous l'impitoyable menace des éléments en fureur.

Pierre, fatigué, se met au lit de bonne heure. Pour ne point troubler son repos, je renvoie à demain la préparation de lits frais et la garniture des tables de toilette. Sur la grande table de la salle à manger, je disposerai nappe et serviettes. Car certainement, avant l'arrivée des Allemands, viendront des soldats français, et ceux-ci, nos défenseurs, nos frères, ont droit à tout ce dont nous pouvons disposer.

Samedi 29 août.

Je ne sais si, cette nuit, le canon s'est arrêté de tonner. Je me suis endormie dans le grondement, et l'aube m'a réveillée dans un crescendo de l'orchestre. Ah! la puissante musique, et combien, en comparaison, apparaît mesquin le souvenir des concerts donnés avec les instruments de convention! Voilà bien la maîtresse symphonie, dont vibrent éperdument les ondes aériennes! Le roulement trépidant des batteries sur le macadam de la route, le ferraillement des fourgons, le cliquetis des armes, le pas des chevaux et celui des hommes sont les accompagnements normaux et le prolongement du grandiose leitmotiv. Les yeux se ferment, l'oreille se dilate, le cœur bat, la respiration s'arrête, la sueur perle, mille visions se dressent. Par instants, une détonation gigantesque, l'explosion d'une mine : c'est cent milliards d'éclairs et de tonnerres se déchaînant ensemble et ébranlant la terre! Et ce n'est point de terreur que je suis émue en ce moment. Je subis un envoûtement; l'enthousiasme circule avec mon sang qui charrie l'intrépidité des sauvages ancêtres aimant la bataille et chantant au supplice. Mais cela est une illumination. Je me reprends vite à réfléchir que le temps presse, que je n'ai pas le loisir de m'abandonner à ce charme insolite.

Pendant que je termine les préparatifs de départ, dehors, sous la chaleur torride, c'est un enchevêtrement, un fourmillement de matériel militaire, parmi lequel se déroule sans trêve le film dramatique de l'émigration : piétons, charrettes et chariots bondés d'objets hétéroclites, sur lesquels sont couchés des vieillards et des malades abrités d'une bâche tendue et soutenue par des bâtons fichés aux quatre coins du véhicule. Des vaches, des poulains, des veaux sont poussés au petit bonheur dans ce fouillis. Les gens sont mornes, toujours. Beaucoup ont revêtu leurs plus beaux habits, pensant probablement que ce serait autant de gagné sur l'ennemi, et c'est un spectacle lamentable et ridicule que de voir des femmes à l'allure provinciale et campagnarde clopinant sur les talons Louis XV éculés par la marche, suffocant dans les corsets droits et les collantes jupes fripées et salies, arborant sur leurs fronts humiliés des chapeaux garnis de prétentieux panaches et exhibant, par l'échancrure de chemisettes décolletées, des gorges recuites par le soleil. Des gendarmes à pied, à cheval et à bicyclette dirigent et font circuler tous ces effarés, comme un bétail, dans la direction du midi; car, si par malheur le cortège s'arrêtait, le tohu-bohu deviendrait inextricable. Parmi les fuyards, nous reconnaissons des personnes de villages voisins, dont les visages, naguère joviaux et prospères, sont aujourd'hui tirés et amaigris. Nous leur crions : « Comment, c'est vous! Que se passe-t-il? » Ils lèvent vers le ciel leurs regards désolés et, tandis que les gendarmes leur font signe de ne pas s'arrêter, ils balbutient des paroles que le tumulte empêche d'entendre.

A midi, frôlant les volets mi-clos de la cuisine, où je suis occupée, défile une suite dont l'apparition me bouleverse. En tête marche un prêtre de haute taille, le visage ruisselant de sueur; il tire par la bride le cheval attelé à la charrette où siègent, chacun dans son fauteuil, un homme et une femme semblant avoir atteint les dernières limites de l'âge et de l'infirmité. Derrière, s'avance un groupe de piétons, en lesquels je reconnais bon nombre d'habitants de Neuville et de Day, villages situés à quatre et cinq kilomètres au nord de Roche. Je sors. Le curé de Neuville — car c'est lui — explique à des voisines, accourues aussi, que des batteries françaises sont depuis le matin postées sur les hauteurs de Neuville et de Voncq et qu'il a cru devoir soustraire ses grands-parents aux risques d'un proche combat d'artillerie. Il les emmène au hasard, vers le sud. Il ne poussera pas d'ailleurs plus loin aujourd'hui et passera la nuit avec ses vieux à Roche, dans une ferme amie. Ses paroissiens, eux, poursuivent leur chemin. Le flot, canalisé par les gendarmes, s'éloigne.

Voici que descendent et passent en foule les gens de Rilly, de Semuy, de Voncq, d'Attigny même. Chez nous, ils sont en pays de connaissance; aussi est-ce une précipitation, une bousculade vers les maisons et vers les puits. Ils sont partis de chez eux en hâte, sous le coup de l'émotion, sans rien prendre, et ils défaillent de besoin, de chaleur. A présent, certains laboureurs de Roche, qui ce matin encore engrangeaient du blé, sont dans la consternation. Ils commencent à comprendre qu'en effet leur travail a été vain et qu'il portait à faux. La question du départ se pose aussi pour eux, et, au point où semblent en être aujourd'hui les opérations militaires, ils n'auront le temps de sauver que bien peu de choses. A leur tour, il leur faudra donc s'arracher à presque tout ce qui les retient au pays!

Nelly entre en coup de vent : « Mon oncle, avez-vous une place pour moi et Hélène dans l'auto? » Nous voici fort embarrassés. Le loueur s'est engagé à conduire deux personnes et nous quatre. Si de la prendre avec nous est impossible, nous lui disons du moins de se faire conduire dans sa voiture par son domestique, sans aucun retard, à Reims où nous lui fixons rendez-vous. « C'est que, répond-elle, je n'ose pas contrarier mon beau-père. Il me fait honte d'avoir peur, me blâme de vouloir m'en aller, dit que toutes ces craintes sont des bêtises, et que ceux qui fuient sont des fainéants. Et puis, je ne voudrais pas le priver du domestique et de la jument dont il a besoin pour moissonner les avoines. Toujours la moisson pour le roi de Prusse! D fait, à cet instant, le beau-père sort de la cour de la ferme, assis sur le siège d'un rateau mécanique. Il n'ira pas bien loin dans cet équipage. Une colonne d'infanterie pénétrant dans le village le refoule, et il rentre chez lui furibond, maugréant contre ceux qui ne font rien et empèchent les autres de travailler.

Pour un pur paysan, quiconque ne travaille pas à la terre ne fait rien. Ils ne semblent pas être des paresseux, pourtant, ces soldats qui s'avancent, hâves, exténués, couverts de poussière et de sueur. Pas un officier ne les conduit. Plusieurs, épuisés, se laissent choir sur les talus de la route en déclarant ne pouvoir faire un pas de plus. A défaut d'autre chose, nous leur portons des seaux remplis d'eau fraîche, où ils puisent avec avidité. Les sous-officiers, attentifs, leur recommandent de ne pas trop boire, car ils se feraient du mal. Ce sont les restes d'un régiment de Bretagne, conduits à dix kilomètres en arrière du front de bataille, afin de leur donner un peu de repos. Il ne leur est pas permis de s'arrêter dans le village ; ceux qui se sont affaissés seront ramassés par les voitures régimentaires. D'où viennent-ils? Qu'ont-ils vu? Nous désirerions ardemment savoir. Ils ne répondent pas; peut-être répondre leur est-il défendu;. . . . .

. . . .

Cinq heures. Un de nos fermiers se rend en voiture à Attigny; mon mari le prie de voir l'automobiliste et de lui demander si nous devons toujours compter sur lui. Depuis le matin, en présence du mouvement extraordinaire, Pierre me répétait : « Nous ne pourrons nous en aller, tu verras; c'est aujourd'hui qu'il eût fallu partir, demain il sera trop tard. » Je lis dans son attitude que les événements l'intéressent énormément, et je sens que s'il désire être loin, c'est pour me voir en sécurité. De même moi, si je regrette d'être encore à Roche, c'est parce que je crains pour lui, plus exposé que moi-même aux vexations de l'ennemi. Il faut bien avouer que, sauf cette crainte réciproque, la page de vie s'offrant à nous présente trop d'intensité pour que nous ne nous y attachions point passionnément.

Le chant du canon est une puissante berceuse. Maintenant que les gendarmes ne les harcèlent plus, les émigrants s'affalent sur la terre, à côté de leurs paquets, et s'organisent en vue de passer la nuit, sans réfléchir, tant leur fatigue est grande et leur stupeur profonde, qu'il leur faudrait manger. Leurs enfants, insoucieux et plus osés, quêtent par le village. On leur donne ce qu'on a : peu de chose, hélas! du lait, du bouillon, des légumes, des fruits, les œufs du jour.

Le soleil se couche: au-dessus de la prairie monte un brouillard léger et frais. C'est le crépuscule. Je suis en haut, dans l'atelier, songeant à Nelly dont les préparatifs de départ sont terminés. Tout soudain, une effroyable détonation et un fracas d'écroulement ébranlent la terre. La maison, je crois, s'est soulevée sur sa base; les vitres ont grelotté à se rompre, les meubles et les toiles ont dansé, se sont entrechoqués. La commotion a été si forte que je suis tombée sur les genoux. Je m'imagine le village bombardé. D'en bas, mon mari me crie : « Isabelle, es-tu là? — Oui. Qu'est-ce, ce bruit? Allons-nous-en, sauvons-nous! » Je descends en courant, tenant la valise d'une main, de l'autre mes habits de sortie. Je hèle Nelly : « Prépare-toi vite, prépare Hélène, il faut s'en aller de suite. — Pour... pourquoi ma tante? — Tu n'as donc pas entendu : c'est la bataille ici; tout va être écrasé. Mais hâte-toi donc! » Elle me regarde, ébahie. En moins de deux minutes, je suis habillée et chaussée. Pierre, qui est sorti un instant et que j'appelais à grands cris, rentre et avec calme me dit : « C'est le pont de Rilly-aux-Oies qui vient de sauter. Quoi! tu es habillée? Tu as peur? — Je ne veux pas que nous soyons écrasés, fais-je un peu rassurée, et je tiens à être prête à tout événement. »

Le fermier, revenant d'Attigny, s'arrête devant la porte et nous apprend que le voyage en auto est devenu impossible : le loueur est réquisitionné avec sa machine pour demain matin. Nous nous y attendions. Le fermier nous explique en outre que l'armée française est massée dans les terres entre Attigny et Roche, que de l'autre côté de l'Aisne, vers Saint-Lambert, les Marocains sont campés; la vallée est noire de troupes; aux alentours, sur les hauteurs, l'artillerie est braquée.

Débouchant du nord et de l'ouest, un escadron de cavalerie s'engouffre dans Roche. Les hommes, sous le manchon kaki de leurs casques, ont le visage brun, les yeux noirs, et

leur accent chanteur indique qu'ils sont du Midi. . . . . ils ne semblent pas éprouvés par les privations ni la fatigue. . . . .
. . . . Leurs chevaux sont mis à l'attache dans les écuries, les cours et les granges, dans les rues, même. La plupart des émigrants abrités dans les bâtiments sont obligés de décamper devant eux . . . .
. . . .
. . . .
. . . .
. . . . Après eux, viennent se ranger devant notre maison des voitures d'ambulance. Les chevaux et les mulets sont dételés, mais point dégarnis; on leur donne à manger sur place. Nous avons deux médecins-majors à loger.

Voici donc la veillée d'armes. Le canon, en roulements prolongés, approfondit la nuit. L'explosion de tantôt m'a été l'avertissement de me tenir sur le qui-vive. J'ai le pressentiment très fort que la fin de tout va survenir. Je vois d'avance le choc dans le village même, les habitations croulant sous la mitraille et l'incendie. Pierre me questionne : « As-tu peur pour toi-même? Crois-tu pouvoir supporter l'émotion du combat ? » Je réponds : « S'il ne s'agissait que de moi, je ne demanderais qu'une chose : voir la suite. » Comme il est faible encore, il monte alors se mettre au lit. Les majors, dont les cantines sont apportées, font prévenir qu'ils ne mangeront pas chez nous.

Voir la suite! Oui, j'ai ce désir ; mais il ne va pas jusqu'à me faire consentir à m'immoler, ni surtout à laisser immoler mon mari, et c'est pourquoi, puisque nous sommes condamnés à rester sous la bataille, je vais m'assurer d'un refuge pour le temps qu'elle durera. Notre maison, bâtie sur une espèce de roche tendre, nommée gaize dans le pays, a ses caves de plain-pied. Ce n'est pas un abri suffisant contre les obus. Je me rends au château, dont les souterrains remplissent les conditions voulues, et je préviens le garde d'avoir à laisser s'y réfugier en cas de besoin. Au retour, dans la ruelle qui va de notre propriété au château, je rencontre l'adjoint. Mon mari étant empêché par la maladie, ce vieillard a dû pourvoir seul aux exigences des Méridionaux, et il paraît outré : « Quoi qu'y voulont tertous? Y sont tout le temps chez nous. C'est point ça qu'avancera la moisson des mars. » Je *tente de lui faire* comprendre la gravité de la situation. « Hé!... Quoi que vous disez? sursaute-t-il. *On se battra demain* à Roche? Vous voulez me faire peur... » Je le laisse défait, bègue de consternation, *mais encore incrédule.*

J'ai tenu à attendre la rentrée des médecins-majors. Assise sous la lampe, dans *la cuisine*, j'écoute, mêlés à la grosse voix du canon, les éclats de rire des dragons, leurs jurons sonores et le piétinement des chevaux. Parfois, l'ordre tonitruant d'un sous-officier impose un silence relatif; et le tapage reprend aussitôt. A onze heures, un des majors entre. C'est un petit homme à cheveux gris, dont le masque maigre et hâlé se ravine de rides profondes. L'ensemble de sa physionomie exprime le désespoir et la fièvre. Il s'excuse de retarder mon repos et m'annonce que son collègue ne viendra pas; puis il demande s'il verra le maître de la maison. Je lui réponds que mon mari est souffrant et repose. Cela le rend, me semble-t-il, perplexe. Croyant pénétrer sa pensée, je lui conte l'avortement de nos projets de départ et le questionne sur les dangers que nous encourons : « Qui peut savoir? fait-il, anxieux. A la guerre l'imprévu tient une place prépondérante. On se figure mal ce que peuvent être pour les civils les risques d'un combat dans un village. Hier, à Raucourt, j'étais avec mon service dans une maison autour de laquelle les obus pleuvaient. Les éclats entraient par les fenêtres et dans le corridor, et cependant personne ne fut touché. Il y a des hasards imprévus, incompréhensibles. Pour ce qui est de l'inhumanité des Allemands, c'est là aussi un point mystérieux, chanceux. A côté de faits atroces, incontestables, se produisent des actes très dignes, très larges. Les Sedanais en savent quelque chose. Moi-même, sur le champ de bataille, pendant le relèvement des blessés, je fus surpris par l'ennemi. Je nous considérais, moi, mon personnel et mes blessés, comme prisonniers; je ne bougeais pas. Des officiers allemands s'approchèrent et me demandèrent ce que j'attendais. Mon étonnement de ne point être fait prisonnier dut se laisser deviner. « Mais non, mais non, me dirent-ils, allez-vous-en, rejoignez au plus vite votre formation. » J'avouai ignorer où le corps auquel j'appartiens se trouvait alors; je le leur nommai. Aussitôt les Allemands me fournirent des indications très précices et, pour plus de sûreté, me donnèrent une escorte qui nous

dirigea jusqu'au point d'où je pus découvrir mon régiment. » Enhardie par cette confidence, je lui demande s'il sait ce qui s'est passé à Charleville, mon pays natal. « Mézières et Charleville sont intacts. Après avoir combiné un plan de résistance et fait évacuer Charleville, le commandement a renoncé à la défense, et les Allemands sont entrés sans lutte. A Sedan, l'affaire fut plus sanglante; il y eut des incendies, . .
. . . . A Raucourt, la bataille a été très meurtrière, et des faits déplorables se sont produits. Mais cela n'est rien auprès de ce qui s'est passé en Belgique, où ce fut la boucherie, le carnage. » A ce souvenir, les traits du major se contractent, ses mains sèches se crispent : « C'est abominable, profère-t-il sourdement. Aucune description ne répondrait à la réalité. » Je lui demande quelles armes font le plus de ravages. « C'est notre 75; les effets qu'il produit sont terribles. Ce sont leurs mitrailleuses. Nos fusils valent les leurs. Je n'ai point eu jusqu'ici de blessés atteints par des balles explosibles, mais je sais que les Allemands en ont employées... Oui, il est vrai que des cours d'eau furent comblés de cadavres et ont débordé de sang. Je crois, hélas! nos pertes aussi élevées

que celles de nos ennemis. Si la guerre dure trois mois dans ces conditions, il faudra compter un million de chaque côté. » Je suis atterrée. Je lui demande quand il se remettra en route; il me répond l'ignorer. Son rôle, consistant à ramasser les blessés, commencera quand une nouvelle action aura été engagée.

Il gagne sa chambre.

Dimanche 30 août.

Le canon s'est tu vers minuit, mais l'exubérance des cavaliers et l'impatience des chevaux m'ont tenue en éveil. Avant deux heures, grand remue-ménage. Ce sont des ordres donnés, des heurts de sabres, des hennissements, des imprécations, de brèves querelles; puis le bruit de grêle des sabots de chevaux sur la route, le roulement des fourgons avec appels et claquements de fouets. Vers quatre heures, le rez-de-chaussée de notre maison, dont la porte demeure obligatoirement ouverte, est envahi. Je descends. Ce sont les brancardiers et les muletiers qui viennent prendre les ordres du chef.

Dehors, c'est bien la plus délicieuse aube d'été : ciel immense, légèrement gazé de rose;

brise haute, fraîche, purifiante, sous laquelle la verdure, couverte de rosée, scintille. Les oiseaux chantent. Nous autres, villageois, nous savons par ces bestioles, avant même d'ouvrir nos volets, si la journée sera belle. De même, au premier coup d'œil vers la cime des peupliers inclinée par le vent, nous savons comment sera l'atmosphère durant la phase lunaire. Aujourd'hui, la canicule ayant pris terme, j'augure une décade de beau temps chaud et sans orages.

En quittant la maison, le major m'a simplement saluée; il n'a pas touché au café préparé à son intention. Mais, comme ses ambulances et ses fourgons démarrent, il refranchit le seuil pour me conseiller de partir. « Oui, vraiment, insiste-t-il, cela vaudrait mieux. » Je l'accompagne sur le pas de la porte. A ce moment, j'observe que les hirondelles, comme à l'époque de la migration, sont assemblées sur les toits et pépient, tandis qu'au-dessus d'elles leurs chefs de file volent en décrivant de grands cercles et en poussant des cris aigus. Nous ne sommes pourtant pas encore à la date habituelle de leur départ. Se concerteraient-elles pour fuir, elles aussi, la bataille?

Il règne ce matin sur la place et dans les rues

du village, après le départ des troupes, une saleté repoussante. Au crottin de cheval, aux débris de foin et de paille se mêlent des ordures disparates, morceaux de viande faisandée, boîtes de conserves vides ou entamées, pains, chaussettes russes, et surtout des bouteilles. C'est la première fois que les soldats de passage laissent des traces aussi mal odorantes.

A la ferme où je vais tous les jours chercher du lait, je trouve tout le monde en émoi. Dans cette ferme le curé de Neuville a gîté, avec ses vieux et plusieurs de ses ouailles. Pendant la nuit, à la faveur sans doute du remue-ménage, la charrette du curé a été volée : une charrette qui lui avait été confiée, clame-t-il avec désespoir. Il vient de faire vainement le tour du village afin de trouver une autre voiture. Personne n'a pu ou voulu lui prêter de véhicule sur lequel on puisse installer les fauteuils des deux paralytiques. Ceux-ci ont passé la nuit adhérés à leurs sièges, immobiles et ne paraissant pas se rendre compte de ce qui arrive. La fermière, digne et vaillante femme d'un mobilisé, est désolée. Sa sœur, la jeune fille aux yeux mystiques, lui répète avec insistance : « Je veux m'en aller. Si tu ne viens pas avec moi, j'emmènerai tes deux petites filles et nous irons n'importe où. Je ne veux pas tomber aux mains des Prussiens... Ta ferme! tes bêtes! Qu'est cela au prix de l'honneur et de la vie menacés?... Et si tu ne nous donnes cheval et voiture, nous partirons à pied. Le bon Dieu et nos anges nous aideront. »

De retour, je trouve Nelly à la maison, en train d'insister auprès de son oncle pour que nous nous rendions à Reims avec elle et sa fillette, dans notre phaéton auquel on attellerait la jument Rosette. Dans la rue, des soldats isolés, ... Des gendarmes . . . . battent les granges et les remises et forcent même à déguerpir les émigrants attardés.

Sur le seuil des habitations, les villageois pauvres se consultent. Partiront-ils? Les aisés, on ne les voit pas : ils agitent sans doute la question en famille. Tout à coup, le canon, ample, joyeux de sa voix terrible, retentit comme s'il était braqué derrière nos maisons. Les femmes en conciliabule dans la rue se dispersent avec des cris, en étreignant leur poitrine. Ce n'est pourtant qu'un prélude, l'aubade de batteries qui s'éveillent. Après une salve, silence.

Nous nous consultons du regard, Pierre et moi. Partirons-nous avec Nelly? Je m'interroge. Ai-je peur? Certes mon cœur bat et je me sens toute blême; mais une musique profonde chante en ma tête. Quelque chose de suprême va se produire, dont il m'est loisible d'être le témoin. Je murmure : « Tout de même, je voudrais bien voir ce qui va arriver. » Mon mari sourit : « Oui, voir, comme dit ton frère Arthur, les certitudes qu'il sera donné à l'être sérieux de surveiller. Moi aussi; mais... » Baoum! baoum! baoum! Le dos se voûte, les genoux fléchissent, on cherche d'instinct un abri. Du côté opposé, d'autres détonations répondent, sèches, impérieuses. C'est un colloque de fin de monde. La trompette du Jugement dernier aurait-elle sonné? Elle sonne sûrement pour ceux qui tombent là près.

Un messager, envoyé par un garde-voie à sa femme, arrive dans Roche, porteur d'une lettre enjoignant de partir sur-le-champ. L'avis se répand aussitôt, levant beaucoup d'indécisions. On se prépare fébrilement. Nelly accourt et demande en haletant la clef de la remise à voitures. Elle veut partir tout de suite; elle est prête. Mon mari accompagne notre nièce à la remise. Je les rejoins. Dans la cour, je trouve la timide, la flottante Nelly en train de débarrasser la voiture de son enveloppe, de décrocher les harnais; elle crie à son domestique d'amener la jument. Pour la première fois de sa vie, elle a pris d'elle-même une résolution; la peur la fait agir avec une fermeté inattendue. Je vois que maintenant rien ne la retiendra à Roche.

La canonnade s'enrage. L'air s'emplit d'une pénétrante odeur, poivrée et poussiéreuse. Et voici qu'au bruit du canon se mêle le crépitement des mitrailleuses et de la fusillade. Le lieu exact où l'on se bat, personne du village ne le sait au juste, mais des soldats sont rangés en bataille dans les terres proches. Aussi loin que la vue puisse s'étendre, ce sont des troupes en arrêt, tandis que, sur les routes et à travers champs, des batteries d'artillerie semblent se replier par ici.

Le domestique de notre nièce refuse de conduire sa maîtresse et entend demeurer à la ferme avec le beau-père. Cela nous donne à réfléchir. Laisserons-nous partir cette jeune femme, seule avec sa fillette? Au devant de quels embarras son inexpérience la conduirait-elle? Notre résolution de rester est ébranlée.

Des roulements d'autos, des trots de chevaux sur la route attirent l'attention. Ce sont des ambulances militaires et des voitures réquisitionnées qui, venant du côté d'Attigny, transportent des blessés. A cause de la chaleur, ces véhicules sont ouverts ou découverts. Ils vont à allure pressée, l'un derrière l'autre, les automobiles dépassant les autres transports. Quel spectacle! C'est du sang partout. Des visages terreux, des bras, des torses entourés de linges tachés de rouge vif. Formes sans mouvement, étendues sur des civières, des matelas ou de la paille et s'abandonnant aux cahots. Ces formes inertes étaient, il y a deux heures, des jeunes gens pleins de force, et les voici avec l'expression de la mort et râlant dans une indicible souffrance! On discerne des gémissements. De certaines voitures, le sang vermeil dégouline en traînées sur la route. J'étouffe d'affliction. « Allons, soupire Pierre, le major ce matin avait raison; il faut partir. »

Tandis que je monte chercher dans ma chambre des babioles chères, mon mari, en bas, dans la grande salle, jette un dernier coup d'œil. Moi, je m'attarde là-haut, dans la tristesse d'abandonner tout ce qui est autour de moi, et, de la fenêtre dont le rideau est tiré, je regarde l'exode des gens du village. Nelly a fait avancer le phaéton devant notre porte; la jument, arrachée à son poulain, est impatiente, hennit follement. Vis-à-vis, le break de la voisine est aussi attelé; l'on y jette des paquets et des vêtements. Dans le bas du village, des charrettes démarrent. Au sommet d'un monceau de literie, de corbeilles, de sacs de grains et de bottes de foin accumulés sur un grand chariot attelé de six chevaux, la fermière qui me vendait du lait et sa sœur sont assises avec les deux petites filles et d'autres personnes. Le jeune fils de la fermière s'efforce à maintenir l'attelage sur un des bas-côtés de la route; les valets de ferme peinent à faire suivre des poulains et des vaches s'en allant à regret. Des cours, des étables, des pâtures s'élève le meuglement du bétail lâché et abandonné. Les petits animaux de basse-cour, poules, lapins, les porcs, les veaux s'enfuient de tous côtés : c'est la panique aussi pour eux. Et voici, arrivant par la ruelle, l'omnibus du château où ont pris place le gardien, sa femme, la bonne et le chien de chasse. Je ne puis m'arracher au spectacle et je ne me décide pas à descendre, enchaînée que je suis par les lares de la maison ancestrale. Une lassitude extrême m'abat sur un siège, lorsque la voix impatiente de mon mari me rappelle à la réalité. Je descends. Il vient de faire sauter du cadre une photographie et me la tend. Comme je n'ai pas le loisir de rouvrir la valise, je glisse dans mon corsage, pour l'emporter sur mon cœur, ce portrait de mon frère Arthur au jour de sa première communion.

Au moment où nous montons en voiture, le beau-père de Nelly se présente pour nous faire ses adieux et recevoir les clefs. Il est toujours résolu à demeurer, quoi qu'il advienne; il gardera la maison aussi bien, mieux même, que si elle était à lui. Il n'a peur de rien. Nous lui conseillons de se tapir contre un talus ou au creux d'un fossé tant que durera la bataille. Cependant il embrasse sa petite-fille en pleurant à chaudes larmes, exprime la crainte de ne plus la revoir, tout en protestant qu'étant attaché là, à Roche, il y restera, dût-il être tué (1).

Nous partons.

Passé le pont sur la Loire, le convoi des

(1) Le surlendemain, comme l'infanterie défendant le passage de l'Aisne se battait encore derrière la grange et que des obus tombaient alentour, il s'enfuit sans même passer sa veste.

blessés prend un autre itinéraire que nous; il suit la route de Vouziers tandis que, par un chemin communal coupant au court, nous nous dirigeons vers Chuffilly et traversons ainsi Méry. Le même émoi, la même consternation, et aussi les mêmes traces de cantonnement de troupes, règnent dans ces villages. Sur le chemin, par places, gisent des carcasses couvertes de mouches. A Chuffilly, tous les gros cultivateurs sont partis, le maire en tête; et les émigrants des villages plus au nord, échoués là hier soir, ne semblent pas avoir le courage de poursuivre leur route. Rien de plus triste, rien de plus navrant que les campements de ces fuyards terrassés par la fatigue et le chagrin. Libérés de la peur qui les fit se sauver, ils ne peuvent se résigner à l'exil tragique où ils sont entraînés. Quelques-uns, hommes mûrs ou gamins, cyclistes, ne résistent pas au désir de retourner voir les lieux abandonnés. Ils n'iront pas loin, car le passage à travers les lignes leur sera refusé.

Nous rejoignons inopinément l'omnibus du château et nous le suivons un temps, bien que Rosette, plus vive et plus intelligente que le grand cheval de luxe, veuille sans cesse le dépasser. C'est qu'il n'est pas aisé de circuler parmi tout ce brouhaha militaire, où pas une fois nos laissez-passer ne sont demandés. Si l'armée s'occupe de nous, c'est pour régler notre fuite selon les mouvements de ses colonnes, nous assigner tantôt la droite, tantôt la gauche, ou nous faire stationner en faveur de sa propre circulation.

Lorsque, nous approchons de Coulommes, une vision magnifique et terrible s'offre à nous. La campagne est entièrement couverte de troupes d'infanterie l'arme au pied, de dragons, de cuirassiers, de chasseurs, en selle. Les uniformes rouges et bleus éclatent sous le soleil et les armes étincellent. A l'entrée du village, dans un clos que nous longeons, des goumiers, face à l'orient, s'étirent avec des mouvements de félins, lèvent les bras au ciel dans leurs blancs burnous sous lesquels chantent crûment l'orangé, le bleu, le rouge, le jaune de leur tenue. L'ivoire de leur large sourire, dans le bronze de leur masque sous le turban, n'est pas moins saisissant. L'heure du combat n'a sans doute pas sonné pour eux : leurs armes sont en faisceaux et leurs petits chevaux arabes sont entravés dans le bout du clos. C'est vers un point de l'horizon se trouvant sur notre droite, presque derrière nous, que l'armée, dans une pathétique immobilité, fait front. Les officiers, à cheval, braquent leurs jumelles vers le même point. Nous sommes sous la capote de la voiture et nous ne pouvons par conséquent rien voir de l'action. En ce moment, on a autre chose à faire que de s'occuper des émigrants, pas plus de ceux en voiture que de ceux à pied, lesquels ont l'air de ramper entre les files armées. Me sentant de plus en plus dans la bataille, j'ai peur. J'imagine que le premier mouvement de recul va nous mettre sous la coulpe des engins dont la formidable voix tonne. C'était bien la peine de quitter Roche pour venir nous jeter dans la gueule du monstre! Du moins, à Roche, nous aurions été frappés chez nous, au milieu des choses aimées; tandis qu'ici, sur cette route!... Je tremble et recommande mon âme à Dieu, ainsi que celles de mes compagnons. A Nelly, qui me fait une réflexion puérile, j'enjoins de se taire et de faire son acte de contrition, car nous sommes, lui dis-je, en danger de mort... Un gros homme, nu-tête, apoplectique, se jette à la tête de notre jument. C'est l'instituteur de Coulommes, qui vient de nous reconnaître. « Ah ! clame-t-il avec épouvante, tout le monde est parti, me laissant seul pour garder la commune. Si encore ma femme et mes sept enfants étaient en sûreté ! Il faudrait pourtant que nous nous en allions ; le téléphone militaire est installé à l'école et, tout à l'heure, si les Allemands le trouvent... » Mon mari, navré, lui fait sympathiquement remarquer que notre voiture de deux places est déjà occupée par quatre personnes.

Sortis de ce sinistre village — avons-nous mis une heure, une année, un siècle pour le traverser? — nous retrouvons l'émouvant spectacle de l'armée immobile, attendant des ordres. Des gendarmes nous ordonnent durement de nous arrêter contre un des fossés de la route. Le soleil darde ; on bout littéralement sous la capote en cuir du phaéton ; la poussière et l'odeur nous suffoquent, les mouches torturent Rosette, dont mon mari a peine à contenir l'impatience, — et cette canonnade insensée! Des commandements se font entendre, un mouvement de repli général se produit ; nous voici engouffré dans le remous. Autour de nous la cavalerie rue, les chevaux des émigrants s'effraient ; nous craignons de verser dans le fossé.

La position où nous ont mis les gendarmes est critique. Les soldats pestent contre les civils gêneurs. Nous nous faisons tout petits. Cependant notre passage parmi les lignes est organisé, et le flot charriant les épaves du grand naufrage avance dans le couloir cédé par l'armée. Je revois la haute silhouette du curé de Neuville marchant à côté du tombereau où, dans leurs fauteuils, ses vieux ont été hissés. Notre tour vient enfin de suivre. Terminant le cortège, nous cheminons longtemps au pas, entre les rangs des soldats qui se referment derrière nous. Et j'ai la sensation de glisser trop lentement hors d'un lieu maudit, hors du vestibule de l'Enfer, quand — ô délivrance ! — un officier de hussards vient très aimablement, très noblement, nous prier de prendre le trot.

La plupart des émigrants s'engagent à droite et à gauche, dans des chemins de traverse, qui pour aller vers Pauvres, qui pour piquer vers Sommepy. Nous, précédés de l'omnibus du château, nous suivons tout droit, vers la ferme-auberge de Mazagran, où se croisent six routes. Un cycliste civil, venant à nous, donne avis au cocher du château que nous sommes dans une mauvaise direction. L'omnibus fait demi-tour.

Mon mari, assez énervé, entend poursuivre l'itinéraire qu'il s'est tracé d'après la carte du calendrier postal des Ardennes. Son sens topographique ne l'a d'ailleurs pas trompé.

Nous arrivons à Mazagran. Les fermiers-aubergistes se sont enfuis. Les vitres sont brisées, les portes ouvertes, les clôtures défoncées, les pompes démolies. Des uhlans, la nuit dernière, seraient venus en éclaireurs jusqu'à ce point qui, à cause de la jonction des chemins, est de grande importance stratégique. Des débris de régiments d'infanterie française s'y trouvent maintenant, parmi lesquels nous reconnaissons des soldats passés hier à Roche. Il y a aussi beaucoup d'émigrants arrêtés à l'ombre des arbres. Pas moyen de se procurer ici un verre d'eau, même! Dans la triple croix des routes, mon mari va reconnaître la voie que nous devons suivre. Et nous voilà repartis.

Nous sommes, à présent, éloignés de l'Aisne. Le fracas de la bataille s'atténue; mon angoisse s'apaise. Cependant midi arrive. Les villages, dans cette plaine de Champagne, sont très espacés. Tout à coup, me voici ressaisie de terreur. Devant nous, à gauche d'un village tout blanc sur une terre crayeuse où sont encore, à moitié effondrés, les tas de gerbes de blé, je viens d'apercevoir un parc d'artillerie dont les canons ont la gueule tournée vers nous : je me les figure réellement braqués et prêts à vomir la mitraille. Mon mari dissipe mon erreur. « Nous nous éloignons vraiment du champ de bataille, me fait-il observer; cette artillerie est au repos. »

Leffincourt. A la première ferme d'aspect important, nous demandons l'autorisation de dételer et de faire manger Rosette. Les fermiers sont accueillants; ils mettent à notre disposition ce que l'accaparement de leur domaine par de remuants artilleurs du Midi y a laissé. Pour ce qui est de nous restaurer nous-mêmes, les passages de troupes et particulièrement celui d'aujourd'hui ont mis à néant et à sec vivres et caves, les habitants sont obligés de se sustenter sur le ravitaillement des soldats et, comme nous arrivons après l'heure de la soupe, nous ne devons rien espérer. Tandis que nous grignotons des tablettes de chocolat emportées avec nous, le maître de la maison explique qu'à partir de demain chaque cultivateur d'ici, à tour de rôle, sacrifiera une tête de bétail pour les besoins de la population. Nous

nous demandons ce que sera demain pour Leffincourt.

Dans la cuisine de la ferme c'est, parmi de la vaisselle sale éparpillée et dans une repoussante odeur d'ail, un va-et-vient d'artilleurs encombrants, négligés, effrontés, loquaces, hilares. Ils sont naguère montés de Toulouse et de Montauban vers la Belgique, d'où ils reviennent . . . . . . Des maréchaux des logis au pittoresque langage nous convient à prendre le café avec eux. Quand Nelly arrive avec son enfant, son apparition est saluée par la faconde galante des Méridionaux qui, nullement retenus par la réserve septentrionale de notre nièce, entonnent, pour l'amuser sans doute, des refrains languedociens. . . . .

. . . .

. . . . .Nous nous retirons .

. . . .

. . . . d'autres Gascons bavards et complaisants s'emparent de Rosette, la bourrent de son et d'avoine, la baignent, la bouchonnent, l'étrillent, la peignent, la traient. La douce bête en paraît tout heureuse. Quelques-uns de ces palefreniers bénévoles portent, cousus sur le côté gauche de leur chemise ou de leur veste, de larges scapulaires à l'image du Sacré-Cœur.

Dans la rue passent de longs convois de voitures rustiques de formes diverses, attelées de petits chevaux ou de mulets bizarrement harnachés et dont les colliers à grelots sont surmontés d'une longue corne. Les conducteurs chantent à gorge déployée et activent les attelages par des claquements de langue et de fouet. Pour les regarder passer, nous nous sommes assis dehors, sur un fruste banc. Près de nous, un artilleur vient s'affaler. Il nous parle de son pays, le plus beau de la terre, incomparablement plus beau que ces régions du nord, de son Midi où règnent l'abondance et la joie . . . .

. . . .

. . . .
. . . .
. . . .
. . . .
. . . .
. . . .
. . . .
. . . .
. . . .
. . . .
. . . .
. . . .
. . . .
. . . .
. . . .
. . . .
. . . .
. . . .

. . . . . » Mais il est temps pour nous de reprendre la route. Vingt mains diligentes ont harnaché, attelé Rosette, et se tendent au pourboire. Nous partons accompagnés de remerciements, de compliments, de recommandations et de souhaits.

Leffincourt traversé dans la cohue des militaires et des convois, nous roulons facilement sur une belle route plate. La jument trotte vaillamment, tête haute. Les émigrants sont moins nombreux; nous les dépassons tous. Le bruit de la canonnade s'éloigne peu à peu.

Machault. Les troupes cantonnées dans ce bourg encombrent moins les voies de communication. Passé Machault, sur la route de Cauroy, une caravane d'allure connue se silhouette devant nous. Rosette hennit de toutes ses forces et accélère son trot. En approchant, nous reconnaissons un cultivateur de Roche et sa famille, avec chariot, charrette, char à bancs et tape-cul. Nous savons que ces gens sont partis dans le seul souci de mettre à l'abri de violences possibles les deux filles de la maison, dont l'une a vingt-deux ans et l'autre dix-neuf, et, comme ces jeunes personnes ont refusé de se séparer de leurs parents, tout le monde ensemble s'en est allé, abandonnant une ferme très importante à la garde de deux petits domestiques, enfants de l'Assistance publique, dont la gaminerie n'est pas sans donner de l'inquiétude. Cette famille se rend chez une parente à Pont-Faverger, bourg sur la Suippes, situé à vingt-cinq kilomètres en deçà de Reims.

Rosette prend le pas des chevaux de la caravane, et nous y voici incorporés. Le cultivateur, d'origine rémoise et bourgeoise, vient avec nous causer. Il ne voit pas les faits de la guerre sous le même angle que les paysans de pure race. Tout en cheminant, il nous dit avoir offert à l'intendance militaire ses chevaux et ses bêtes à cornes et n'avoir pas reçu de réponse. Parti cette nuit à la hâte, pour une raison sentimentale, il regrette de n'avoir point avancé de plusieurs jours son départ. De cette façon, il aurait pu emmener avec lui son cheptel, ses machines, ses instruments, son mobilier de ménage et même une partie de sa récolte. Ce que nous en voyons, le chargement de ses voitures, n'est pas la vingtième partie de ce qu'il aurait pu sauver s'il eût été prévenu de l'approche de l'ennemi, et son départ effectué plus tôt aurait peut-être décidé les autres cultivateurs du pays à faire de même. Il est navré à penser que ce qui est resté dans sa ferme sera non seulement perdu pour la France, mais encore servira à ravitailler les Allemands.

Hauviné. Bétheniville. Le soir descend, un beau soir frais, d'une admirable sérénité. La scie des cris-cris, la clochette des crapauds font la nique au canon, maintenant lointain. Beau soir, en vérité; mais mauvais soir, après une journée si chaude, pour un convalescent des bronches éreinté, presque à jeun, et, malgré cela, condamné à poursuivre sa route. Car, dans ces bourgades où nous venons de passer, il n'y a pas eu moyen de trouver à se restaurer ni à loger : des troupes occupent tout et ont tout absorbé. Nous poussons donc plus loin, dans l'espoir audacieux d'être accueillis par la parente de nos compagnons de route.

La nuit tombe quand nous arrivons à Pont-Faferger. Après avoir franchi un passage à niveau, en vue de la grande rue du bourg, nous apercevons de nombreux cavaliers d'artillerie, avec leurs caissons, descendant vers le pittoresque petit pont sur la rivière torrentielle et limpide que nous devons traverser. Cela menace de créer des embarras. Aussi, le cultivateur renonce-t-il à pénétrer dans la localité avec ses chariots. Il va ranger sa caravane sur un terrain planté d'arbres, au long d'un large fossé à sec qui donne l'idée d'un ouvrage de fortification. L'une de ses filles monte au village. Nous autres, nous rétrogradons un peu, attendant que le pont soit moins obstrué, et, comme nous allons décidément y prendre pied, la jeune fille partie en éclaireur revient, nous annonce que sa tante s'est enfuie le matin même, avec ses enfants et d'autres personnes amies. Les hôtelleries regorgent de monde; il n'y aura pas moyen de se loger. La femme du cultivateur, qui vient de rencontrer le loueur d'automobiles d'Attigny transportant des blessés, s'approche de nous à son tour et nous conte qu'Attigny est au pouvoir des Allemands, que le pillage y règne, que les villages alentour sont en feu; puis, nous désignant des groupes campés, avec leurs chariots et leurs bêtes, dans l'herbe rare et flétrie, sur le glacis, parmi les arbres du rempart : « Voici donc, achève-t-elle désolée, comment nous allons être obligés de passer la nuit! » La plaine environnante est un vaste camp d'émigrés, où l'on voit, mêlés à eux, des fourgons militaires; les enfants sont déjà endormis, tandis que les parents tristement songent et veillent.

Pour mon mari, passer la nuit dehors serait mortel. Il me faut à tout prix trouver un gîte. Je descends de voiture et me mets en quête. La localité, station de chemin de fer, est grouillante de soldats et de réfugiés. Pas une maison, pas une écurie, pas une grange, pas un hangar, pas un chartil, pas un angle de muraille qui ne se trouvent occupés. Le long des rues, les chevaux de l'armée, attachés de court à des piquets, non loin des caissons, sont croupe à croupe et si serrés qu'il leur serait impossible de se ruer.

L'atmosphère, saturée d'exhalaisons et de poussière, est irrespirable. A la porte d'une auberge, j'aperçois, jouant sur le trottoir, l'un des garçonnets de ma nièce Emilie. Celle-ci sort de l'auberge au moment où j'y entre pour demander s'il y a de la place. Il n'y en a pas. Emilie me dit qu'elle est ici depuis une heure, avec son beau-père et les enfants. Je la quitte et poursuis mes recherches. Je vais de porte en porte; je supplie, demandant seulement et à n'importe quel prix un lit pour une personne souffrante. On me renvoie de l'un à l'autre. Je cours dans la nuit, haletante. Je ne trouve rien. Je désespère. Deux officiers, témoins de mon angoisse, me prennent en pitié et m'accompagnent chez le maire, au château, où ils logent. Le châtelain vient précisément de partir. On m'indique son suppléant, chez qui je me rends aussitôt. Je lui expose la situation. Il réfléchit; devant mon peu d'exigences, il m'adresse, avec un mot, à une méchante auberge se trouvant au fond d'une ruelle en pente caillouteuse. L'auber-

7

giste, auquel je présente la recommandation, consent à laisser entrer notre voiture dans sa cour et à héberger la jument. Quant à nous donner un lit et à souper, impossible : ses chambres sont prises et, en fait de vivres, il ne lui reste ni une bouchée de pain ni un verre de vin. Je lui demande s'il n'a pas un peu de café ou de l'eau bouillante pour une infusion dont je fournirais l'élément. Il refuse : le couvre-feu est sonné, et, à cause du convoi de munitions stationnant dans le pays, les ordres sont très rigoureux. J'insiste pour obtenir un lit, pleurant presque, disant que je paierai la somme qu'on voudra, remontrant qu'il s'agit d'un malade et d'un petit enfant. La femme de l'aubergiste vient alors à mon secours, et, me désignant son aide-cuisinière qui, un gros bébé endormi dans les bras, se dispose à regagner son propre logis : « Cette personne, fait-elle, va vous donner une chambre. »

La voiture garée dans la cour de l'auberge et Rosette remise aux soins de l'aubergiste, nous partons à la suite de l'aide-cuisinière, étouffant nos pas, à travers les ruelles noires et sonores. Le couvre-feu sonné, il est, paraît-il, défendu de circuler et même de parler dans les rues. Parmi l'obscurité, le long des maisons, on heurte des masses tièdes, qui sont des dormeurs ou des silencieux accroupis. Les chevaux seuls, de tous côtés, se répondent, s'essayant par d'enragés piétinements à élargir l'espace dévolu à chacun.

Dans la pauvre maison de l'aide-cuisinière, un autre gros garçon est couché et endormi. L'homme est à la guerre. Je demande un peu de feu pour confectionner une boisson chaude. Notre hôtesse déclare n'avoir plus d'alcool à brûler pour son réchaud et ne pouvoir rallumer son fourneau. Il lui reste un fond de bouteille de vin; elle nous l'offre. Et nous sommes conduits à la chambre. Un seul lit. Nous posons le matelas par terre, avec un des draps, pour Nelly et son enfant; mon mari et moi, nous nous étendons sur la paillasse rugueuse. Sous la fenêtre, les chevaux piaffent furieusement contre une porte de grange : on dirait encore le bruit du canon. De temps à autre, une voix coléreuse impose silence aux animaux, qui reçoivent aussi des coups de trique. Le piaffement cesse une minute, puis reprend. L'on entend à distance, sur les pavés de la grande rue, déferler une marée d'infanterie. On la devine longue, énorme, innombrable, cette armée qui, muette, passe, passe, reculant.

Dans l'obscurité retentissante de cette chambre, sur la couche misérable, mon insomnie évoque les péripéties de la journée. La fuite parmi la bataille trouve ici, dans cette bourgade florissante hier et qui sera ruinée demain, son complément de détresse et d'épouvante. Cet océan humain, ces armées dont les vagues nous poussent, ces populations humiliées et enveloppées dans les remous, fuyant le sort réservé aux vaincus et cherchant la route de l'exil, sont bien la répétition des antiques migrations dont les livres nous ont conservé l'horreur et la terreur. Puis se dressent devant moi les spectacles nous intéressant plus personnellement et qui sont suscités par le souvenir des paroles proférées tantôt par la femme de notre compagnon de voyage : Attigny pris, les villages flambant alentour (Roche est à quatre kilomètres d'Attigny), notre chère vieille maison détruite, et les habitants restés, que je vois emmenés captifs, martyrisés, fusillés! Je me représente à tout le moins le pillage, le sacrilège. Anéantis, les précieux souvenirs dont nous nous étions avec piété constitués les gardiens! Mon esprit va à nos morts. « Vous le voyez, leur dis-je, il n'était pas possible de faire plus que nous n'avons fait. Ni vous ni nous ne pouvions prévoir ce qui arrive aujourd'hui, et qu'une catastrophe sans précédent viendrait détruire le dépôt de tendresse et de gloire reçu de vous. » Après tout, ne serait-ce pas une consolation d'être assurés que ces reliques, sans avoir été profanées par des mains indignes, sont consumées par la flamme purificatrice?... Je me sens désormais sur un autre plan que celui de la vie ordinaire, le plan d'une existence nouvelle, presque immatérielle, où n'entrent d'aucune façon les misérables petits calculs dont se tisse ce que l'on appelle la vie normale. La vanité des efforts d'antan m'apparaît, et je la considère avec étonnement, tant à cette heure je me sens intérieurement, de cœur, d'âme, d'esprit, renouvelée.

Cependant, du matelas étendu sur le parquet, monte le souffle égal, ininterrompu de Nelly endormie. La petite Hélène se débat et geint en dormant; son corps léger roule soudain à terre. Je me lève et, sans éveiller l'enfant, la replace doucement sur la couche, que je borde de mon mieux.

Lundi 31 août.

Le brouillard, épais, entoure d'un linceul de fraîcheur les soldats étendus ou accroupis sur le pavé des rues. Des troupes arrivent, d'autres se remettent en marche, sous la menace sourde du canon qui reparle.

L'hôtesse s'est levée avec le jour. Profitant du sommeil de ses petits, elle réunit quelques hardes pour s'enfuir, elle aussi. Je lui emprunte un pot, et pars à la recherche d'un peu de lait. Les rues de Pont-Faverger que je parcours sont en pente et cruellement pavées; les hautes murailles des maisons en craie sont pour ainsi dire aveugles, et cette parcimonie de fenêtres, ainsi que la sinuosité des rues, donne à la vieille bourgade un faux air de ville d'Orient ou de forteresse.

Après nous être vaguement restaurés, nous nous acheminons vers l'auberge. L'aubergiste nous apprend que nos compagnons de voyage d'hier sont venus dire qu'ils avaient décidé d'obliquer à gauche, vers Sommepy. Je me représente ces braves gens, transis par le brouillard après une nuit passée dehors, se remettant en route aussitôt que le jour et les règlements militaires l'ont permis, et marchant maintenant au hasard. Nous-mêmes, après avoir payé royalement l'hospitalité de cette nuit, nous partons vers Reims, au moment où le soleil perce la brume.

A peine sur la route, nous nous apercevons que la jument, d'ordinaire si soumise, est capricieuse, marche à regret, hennit singulièrement, tourne la tête à droite et à gauche. Son flanc creux et ses regards de convoitise vers des champs de sainfoin nous dévoilent alors que l'aubergiste, en dépit de ses affirmations, ne lui a rien donné à manger. Nous tâchons à atteindre rapidement un village où pouvoir convenablement sustenter notre bête.

A Epoye, nous ne trouvons rien : l'armée a fait la rafle. Nous passons et arrivons au pied d'une longue côte, au sommet de laquelle se trouve Berru. Pour soulager Rosette, Pierre et moi descendons de voiture et gravissons à pied. Le grand air chaud et la tension nerveuse semblent donner des forces à mon mari. Peu d'émigrants, ce matin. Les automobiles militaires nous dépassent ou nous croisent à vertigineuse allùre.

Berru, situé sur le mont du même nom, est

un très ancien bourg compris dans la ceinture des forts de Reims, à huit kilomètres de cette ville, dont la proximité se fait d'ailleurs sentir. Là, il n'y a pas de troupes en retraite des batailles de Belgique et des Ardennes. On n'y respire pas la désolation, mais bien plutôt une sorte de réjouissance affairée. Les territoriaux rencontrés ont l'aspect serein, la tenue reposée, et contrastent ainsi avec les combattants dont nous venons de traverser les lignes convulsées. Nous reconnaissons parmi eux des visages d'Attigny et de la région ; ces visages reflètent je ne sais quoi d'allègre et de fleuri qui pourrait bien être l'effet du délicieux vin de la contrée. Ce sont de braves pères de famille, des gens établis, partis de chez eux le cœur gros et la larme à l'œil, qui ont trouvé dans le régime du camp retranché de Reims, et aussi dans les visites réitérées de leurs épouses, un adoucissement à leur chagrin. On les croirait à présent engagés dans une villégiature dont, certes, ils se seraient bien dispensés, mais dont il convient, puisqu'ils sont forcés de l'accomplir, de tirer le plus de bien-être possible. Des événements de la guerre, ils ne savent que ce qu'ils ont lu dans les journaux. Pas un ne soupçonne les événements se déroulant à trente ou quarante kilomètres d'ici. Leur service consiste à se rendre de temps en temps et tout doucement, armés de bêches dont le fer est peu luisant, à d'illusoires travaux de fortification. Parfois ils montent la garde, armés des dites bêches en place de fusils, à des postes de barrages non moins illusoires. Ils ne paraissent pas extrêmement surpris de nous voir, nous sachant plutôt Parisiens; mais, quand nous leur disons que tous les villages du canton d'Attigny sont depuis hier dépeuplés de leurs habitants, ils ont peine à le croire. Bien qu'ils fassent partie de la garnison des forts, la plupart sont logés chez des particuliers, et c'est pourquoi, à Berru encore, nous ne trouvons pas à manger. Aucun aubergiste ne consent à héberger notre jument. Un fermier, apitoyé, nous cède une botte de sainfoin et nous ouvre sa remise, où nous entrons.

Il vient faire la causette avec nous, se montre surpris des nouvelles que nous apportons. Peu d'émigrants jusqu'ici ont escaladé le mont de Berru; leurs récits, décousus et troubles, n'ont pas eu le don de le convaincre. Il pense évidemment que nous exagérons La guerre, selon lui, ne pourra étendre ses désastres jusqu'à ce pays. L'armée française aura le temps de repousser l'ennemi avant l'investissement de Reims, et d'ailleurs Reims, si bien protégé par ses forts et sa garnison, résisterait victorieusement. Un fait pourtant déroute l'optimisme de cet homme : l'autorité militaire l'a récemment avisé, lui et ses concitoyens, d'avoir à dresser l'inventaire de ce qu'il possède dans le village et dans les champs; puis on est venu, par ordre supérieur, vérifier les caves creusées à une très grande profondeur et qui, en cas de bombardement, constitueraient d'inviolables abris.

Vers une heure, nous nous remettons en route. Au sortir de Berru, le regard embrasse un vaste panorama de bois, de cultures et de vignes, parsemé de villages riants. La descente devient rapide; nous voici sous bois. De grands arbres joignent leurs ramures au-dessus de nos têtes, nous font un dôme de fraîcheur. Nous traversons les forêts de Berru et de Cernay où les Rémois, en été, viennent passer leurs dimanches. Aujourd'hui, ces magnifiques ombrages, témoins de tant de joyeux pique-niques, donnent asile à une multitude de familles en fuite, qui ont contourné le mont. Cette halte, où règnent la panique et le désespoir, est poignante. Ah! ce ne sont plus dans la forêt les rires et les jeux d'antan! De la futaie profonde s'échappent des murmures de plainte et de crainte, des sanglots d'enfants et des malédictions. Les infortunés ont avec eux des troupeaux de vaches et de moutons, lesquels, sous la garde de gamins, beuglent et bêlent en réponse aux hennissements inquiets des chevaux. Des petits tas de cendre et de braise sur le sol souillé, des branches cassées, je ne sais quel air de dévastation, racontent les bivouacs des nuits précédentes et annoncent les bivouacs prochains. Aucune communauté ne paraît exister entre ces groupes. Ce sont, pour ainsi dire, des tribus venues chacune d'un endroit différent et qui, toutes, traînent avec elles leur fardeau particulier de détresse. On ne se parle pas, de l'une à l'autre tribu; chacune a assez à faire de songer aux siens. Les souffrances de la route, les drames vécus ou redoutés ont retiré à ces malheureux tout goût de voisinage. L'instinct égoïste de conservation les anime seul maintenant et les guide; les riches, possesseurs de voitures, n'offrent pas assistance aux pauvres qui iront à pied. Ces derniers, d'ailleurs, ne songent pas à demander aide; à peine s'inquiètent-ils de leur baluchon trop pesant, qu'ils rêvent de jeter ou d'alléger.

La forêt dépassée, Reims nous apparaît, vague encore. C'est un amas de taches grises, bleuâtres et blanches, dominé par les tours de la cathédrale, brillantes comme si le soleil concentrait sur elles ses rayons, comme si elles accaparaient toute la lumière. D'où nous sommes, le regard et l'esprit sont impérieusement attirés par elles. Cela devient une magnifique obsession. Quand nous approchons, je crois les voir et les entendre vibrer, aimant et diapason gigantesques !

Passé Cernay, le caractère de la campagne se modifie. Le long de la route, plus de spectacles de misère, plus de désarroi, plus de champs dévastés, plus de chemins défoncés, plus de charognes gisantes. Le service de voirie a ramassé les pierrailles, a ratissé, mis en tas géométriques sur les bas côtés la poussière et les immondices ; de zélés gardes-champêtres ont refoulé et caché derrière des buissons les émigrants, les sempiternels émigrants, qu'on devine aussi au large, masqués par des meules et des clôtures afin, sans doute, de ne pas inquiéter ni offenser de leur aspect les Rémois en balade. Mais on a eu beau faire : dès l'entrée dans Reims, le premier spectacle qui nous frappe est une agglomération de réfugiés parquée dans un terrain vague et mal dissimulée derrière quelques pans de murailles. Et tout le long du faubourg Cernay, comme au cœur de la ville, ce seront des faces ravagées de campagnardes, des tignasses blondes d'enfants du nord, des statures tordues de vieux laboureurs, se laissant entrevoir dans les corridors et dans les cours.

Nous devons traverser tout Reims pour atteindre, chaussée du Port, l'habitation de l'amie à laquelle nous nous proposons de confier Nelly et son enfant.

Cette dame est précisément à l'entrée de sa maison, lorsque nous y arrivons. Elle nous accueille avec surprise et, comme je m'enquiers aussitôt du train pour Paris, elle nous apprend que depuis une heure les communications avec la capitale sont supprimées. Il y aurait bien encore le train de banlieue, menant par des détours à Epernay, où peut-être la ligne de Paris fonctionne encore, mais... A ce moment même, le long du canal, sous nos yeux, ce « tortillard » passe, convoyant lentement des wagons bondés de soldats et d'émigrants, les uns et les autres entassés pêle-mêle avec baluchons et fourniments, si serrés que, pour tenir moins de place, d'aucuns laissent pendre leurs jambes en dehors des wagons à marchandises. Je regarde mon mari, et je me sens soulagée lorsque son geste répond : non ! à ma muette interrogation. Notre amie, madame X..., qui a remarqué la mine défaite de Pierre, nous offre l'hospitalité. Elle possède écurie et remise pour notre équipage.

Notre hôtesse fait partie de la bonne société de Reims. Par ses relations, elle est à même d'être renseignée officiellement : c'est pour cela peut-être qu'elle ignore les événements réels de la guerre. D'autre part, sa nature ronde, gaie, confiante, la porte à un parfait optimisme. Aussi, refuse-t-elle d'admettre nos récits et demeure-t-elle assurée que le recul de l'armée française est volontaire, purement stratégique, et que les Allemands seront battus bien avant d'arriver à Reims. Elle sait, par ces messieurs du conseil municipal, que la ville est inexpugnable; des mesures ont été prises pour sa sécurité : les interdits de séjour ont été évacués, les espions sont surveillés, les gouvernantes allemandes ont été envoyées dans des camps de concentration et, de toutes celles de langage tudesque, on n'a retenu que les suisses. La haute société s'est organisée et se dévoue; l'initiative privée a créé des ambulances. Ces ambulances n'ont pas encore reçu de blessés, c'est bon signe; mais ces dames de la Croix-Rouge constatent avec ennui que le costume d'infirmière se généralise trop. . . . .

. . . . ,

. . . .

; . . . , ...

. . . . Le sous-préfet lui-même se tient prêt à partir. Vainement Pierre explique-t-il que l'imminence du départ de ce dernier est une confirmation des nouvelles nullement mondaines dont nous sommes porteurs. . . . . : .

. . . . Rien ne peut entamer la sérénité de notre amie. On croirait, ma parole, qu'elle prend les émigrés dont regorge Reims pour des aventuriers risquant un voyage de plaisir, et nous-mêmes pour des cerveaux brûlés s'offrant une frasque ambulatoire.

Mardi 1er septembre.

La fatigue a eu raison des fantômes de la nuit précédente ; le sommeil dans un bon lit a chassé la sensation de naufrage où l'insomnie me chavirait. Céans, c'est un havre ; l'hospitalité y est large et confortable. La maison, entre autres profusions, contient les trésors de librairie amassés par le bibliophile passionné qu'était feu M. X... Quel dommage que les circonstances et l'état d'esprit ne permettent pas de se délecter à la lecture et à la contemplation de ces livres, parmi lesquels la générosité de notre amie nous donne liberté de fouiller !

Le matin, de bonne heure, Nelly va voir son mari à la caserne de Neufchâtel. Je rejoins en bas notre hôtesse. « Figurez-vous, me dit-elle, que ma fille et son mari sortent d'ici et qu'ils ont tenté de m'enlever. Ce matin mon gendre, mobilisé sur sa demande dans le service sanitaire, a reçu l'ordre de rallier à Troyes. Ma fille le suit. De Troyes, elle ira probablement rejoindre ses enfants installés dans leur villa au bord de la mer. Ne voulait-elle pas que je parte avec elle ! Mais non, je ne quitte pas ma maison, je ne cours aucun danger. Je resterai sous la protection de mon bon saint Remy et dè notre bienheureuse Jeanne d'Arc; rien de fâcheux ne m'arrivera. D'ailleurs, vous le verrez, ces affreux Allemands ne prendront pas Reims. » Comme Pierre reste dubitatif et explique que dans trois jours l'ennemi pourrait bien être ici : « Que vous êtes singulier, mon bon ami, s'exclame-t-elle. Dans trois jours? Mais nous avons nos généraux, notre armée, nos braves alliés. Croyez-moi, les Russes seront à Berlin avant que les Prussiens soient à Reims. Notre « rouleau compresseur » avance, rien ne saura lui résister. En outre, des renforts anglais accourent à marches forcées. Quant à la rage du canon : tant mieux, cela prouve que nous nous défendons et que nous exterminons la maudite engeance! Il vous semble plus rapproché qu'hier? Non, c'est que nos pièces sont plus grosses. » Nous agitons la question de nous en aller par Epernay. Avec bonté et bon sens, elle nous en détourne. « Remarquez, dit-elle, que le train emmène des voyageurs et n'en ramène point. Si la communication est rompue quand vous arriverez à Epernay, que deviendrez-vous dans cette ville où vous ne connaissez personne et où vous ne trouverez même pas un gîte? Reposez-vous donc tranquillement chez moi durant quelques jours. Nos braves soldats vont donner une ràclée à l'ennemi, et le chemin de fer pour Paris sera rétabli. »

Nelly rentre; elle a vu son mari. Il s'attend à partir d'un instant à l'autre; il lui a remis divers objets de vêtement, disant qu'il sera toujours trop chargé pour marcher et se battre sous cette chaleur... Prétextant des emplettes à faire, je m'esquive. Tout bonnement, je brûle d'aller contempler la cathédrale. Je monte doucement la rue Libergier. En face de moi se dresse la merveille. Mais, de même que l'abord d'une personne de haute majesté intimide au point de vous faire reculer au moment d'être mis en sa présence, de même, ce matin, je n'ose pénétrer dans Notre-Dame. Je me contente d'en admirer l'extérieur.

Pierre, sorti de son côté, rentre peu après moi. Il vient de la caserne de Neufchâtel. Il a voulu aller serrer la main d'Emile Lecourt. Après une courte entrevue particulière, il l'a vu partir très soucieux (1) avec son bataillon, sac au dos, pour le fort de Fresnes.

La chaussée du Port, sur laquelle passe le

(1) Emile Lecourt a été tué à l'ennemi le 6 octobre 1914, au bois Bouchot (Meuse).

petit train de banlieue, est une large voie plantée d'arbres, le long du bassin du canal de l'Aisne à la Marne, où chôment de nombreuses péniches. Sur le quai il y a des dépôts de bois et d'autres matériaux de construction, en plein air ou sous des hangars. Au delà de l'autre rive du canal, séparée de lui par une digue plantée de peupliers, la Vesle coule. Au delà de la Vesle, c'est le faubourg Saint-Anne et la route de Paris. La propriété où nous sommes réfugiés fait donc face au sud-ouest. Elle est en bordure de la chaussée, dont la sépare une grille, et se compose du pavillon d'habitation, des bureaux y attenant, des écuries, des hangars et d'un vaste chantier de bois de construction. Entre la porte cochère et la porte d'entrée du pavillon se trouve un jardinet de plaisance. Le personnel domestique se compose de la bonne, du jardinier et du camionneur. Celui-ci, qu'on nomme le père Jude, n'a pas grand chose à camionner, les affaires commerciales étant suspendues; ses fonctions se bornent à soigner le cheval laissé par les réquisitions, auquel notre Rosette est venue s'adjoindre. En passant, ce soir, prendre les ordres de sa patronne, il conte qu'il attend de la famille de Pont-Faverger menacé par l'invasion.

Les journaux de Paris ne sont pas arrivés aujourd'hui. La laitière aussi a fait faux bond cet après-midi. Le lait de Rosette remplacera le lait des vaches de la marchande.

Mercredi 2 septembre.

A la cathédrale, où je me rends de bonne heure, je trouve enfin la note juste. Dans la nef irradiée et dans les chapelles du chœur et de l'abside, les fidèles, hommes et femmes de bonne volonté, sont nombreux. Des messes à tous les autels. Les prêtres officient, nimbés d'abnégation; les assistants prient sans regard, enfermés en eux-mêmes. On reçoit le pain des forts avec la ferveur des premiers chrétiens aux catacombes. Aux confessionnaux, chanoines et vicaires exhortent les pénitents à la préparation dernière, en vue du martyre possible et de la mort. Ni mensonges, ni amollissantes illusions ne sont prodigués ici. La cathédrale reprend aujourd'hui la sublime fonction pour laquelle elle a été érigée et qui est d'élever les âmes en les détachant de la terre. Vénérable, et splendide comme au temps de sa jeunesse, elle se retrouve la réelle maison de Dieu et la vraie porte du Ciel, « le lieu saint et ravissant dont toutes les parties sont parfaites et concordent entre elles ». Aussi bien, est-ce singulièrement raffermi et grandi que l'on sort de ce lieu.

Dehors, je ne puis m'empêcher de faire le tour de la basilique, car cela a toujours été pour mes sens spirituels le plus haut festin d'harmonie. Les animaux du chevet, dressés là-haut dans l'air bleu, semblent, vigiles de pierre, écouter le canon et observer au loin quelque spectacle d'horreur.

Quand je rentre à la maison, je trouve une agitation inaccoutumée. De pauvres femmes se présentent et implorent, à l'effet d'obtenir un secours pécuniaire qui leur permette de fuir. La bonne, revenant du marché, annonce que les vivres n'ont pas été amenés ce matin; les bouchers sont sans viande et les boulangeries, sauf à certaines heures, demeurent fermées; il faut faire queue pour avoir du pain. Un monsieur survient et demande à notre hôtesse de vouloir bien lui prêter un cheval et un camion, afin d'aller mettre ses filles en sûreté. Il a vainement parcouru la ville à la recherche d'un moyen de transport plus léger; tout est retenu par l'élément civil fuyant Reims, ou réquisitionné par l'armée se repliant. Il nous apprend que les Allemands approchent de Compiègne, que Paris est menacé. Madame X... renvoie le pessimiste.

Nous nous sentons dorénavant dans l'impossibilité de gagner Paris, et, comme nous nous sommes aperçus que les ressources en foin et en paille de la maison sont limitées, nous décidons d'offrir dès maintenant notre jument à la réquisition militaire. Il y a à l'hôtel de ville, nous dit madame X..., un bureau à cet effet.

Après le déjeuner, j'entraîne Nelly vers ce bureau. L'aspect de la ville est curieux. La quantité d'hommes en âge d'être mobilisés circulant dans les rues m'étonne. Partout, des groupes animés commentent le défaut de nouvelles; des controverses s'élèvent sur la question de savoir si Reims sera par l'ennemi considéré comme ville ouverte ou comme ville fortifiée. La confiance des Rémois s'est muée en angoisse. Tandis que ceux qui ont les moyens de partir partent, les rues et les promenades de plus en plus s'emplissent d'émigrants de la campagne. La plupart de ces derniers, accablés et muets, sont assis sur le bord des trottoirs, sur les bancs des avenues, ou adossés aux maisons. L'hôtel de ville en regorge; il y en a jusque dans les sous-sols; les cours, ainsi que la place, en sont couvertes. Ils ont couché là, selon que l'atteste la jonchée de paille. Au bureau des réquisitions, on nous recommande, après avoir pris note, de rentrer chez nous de suite, les objets proposés devant être visités à bref délai.

Nous rentrons, et, en effet, au bout de dix minutes, se présente un vétérinaire de l'armée se disant excessivement pressé. Après avoir examiné, il demande les prix. Je dis celui de la voiture, mais mes lèvres se refusent à articuler la parole qui livrerait la fidèle Rosette à l'effroyable destin des chevaux de guerre. La pauvre bête nous regarde avec bonté et hennit à mi-voix : c'est sa manière de montrer son affection. Je m'en remets de la sentence à Nelly, propriétaire, en fait, de l'animal. Nelly balbutie et se tourne vers son oncle qui, brusquement, s'en va. Le vétérinaire s'impatiente. La sueur coule de mon front. Je baisse la tête et murmure si bas que je crois seulement penser : « Laissez-la-nous, monsieur l'officier. » Durant deux secondes, je sens sur moi le regard de celui-ci, qui, sans dire un mot, salue et se retire. Notre hôtesse et Nelly l'accompagnent. Restée seule, je prends dans mes bras le cou de Rosette et je l'embrasse tendrement.

Quelques instants après, des parents de madame X... arrivent. Ils se joignent à nous pour l'engager à mettre en lieu sûr les bijoux et autres objets précieux encombrant chez elle les meubles et les étagères. Les visiteurs décrivent la cachette maçonnée, de leurs propres mains, dans leur cave; ils ont élargi et consolidé les soupiraux de cette cave, afin de pouvoir s'en sauver au cas où, y ayant cherché refuge, la maison frappée par un obus viendrait à s'écrouler. Remplie d'étonnement, notre amie les écoute, puis les raille. « Ce sont des froussards, nous dit-elle après leur départ; voilà quinze jours qu'ils délibèrent pour savoir si oui ou non ils partiront. »

Nous sommes dans le jardin. Le bruit du canon ne cesse pas. De plus en plus rapproché, il gronde des quatre points cardinaux, ininterrompu, pressé. Par instants, les ondes bruyantes se prolongent en vibrant à la façon de roulements de tonnerre interminables; parfois ce sont des claquements comme de portes énormes assaillies par le vent; parfois aussi, on croirait qu'un cyclope agite un gigantesque tonneau où cent mille kilos d'airain seraient enfermés.

Le père Jude, sur le soir, vient nous dire que ses parents de Pont-Faverger, au nombre de dix-neuf, sont chez lui. Au cours de leur voyage à pied, ils ont de loin assisté à des épisodes terrifiants. Sommepy est en flammes; Sainte-Marie-à-Py aussi, et Tahure. Les habitants fuient sous la mitraille ou sont rejetés au brasier par les remous des flots armés se disputant le pays. Leurs cris de douleur et de terreur, mêlés aux hurlements des chiens et aux mugissements des troupeaux, se font entendre à dix kilomètres. Rethel est bombardé et brûlé. A Aussonce un combat se livre. Tout, sous le ciel si bleu, si tendre, est au carnage. L'horizon flambe et saigne. C'est la fête du fer et de la flamme.

Imperturbable, madame X... affirme que l'ennemi recule et que nos soldats tiennent la victoire.

Jeudi 3 septembre.

Par condescendance envers ses amis plutôt que par retour sur elle-même, notre hôtesse s'est décidée à emballer ses objets précieux et à en faire descendre les caisses à la cave. Aidée de Nelly et de moi, elle place ces caisses dans un angle, sur un plancher improvisé, et recouvre le tout d'un amas de houille. Cette opération terminée, sans l'ombre d'une émotion, elle vaque à ses devoirs de maîtresse de maison.

Le changement d'air et de régime guérissent, dirait-on, mon mari de sa bronchite. Lui et moi cherchons à nous représenter le sort réservé par les Allemands à la capitale champenoise et le caractère que prendra l'occupation. Nous tâchons à deviner ce qui nous adviendra personnellement, à nous qui avons essayé d'esquiver l'ennemi. Il semble que, sous tous rapports, on doive être plus en sûreté dans une ville importante, et régulièrement administrée, que dans un hameau perdu, où n'existent nul contrôle et nulle protection. Mais le sac de Louvain, appris ici avant-hier, paraît contredire ce raisonnement...

Survient un ami de madame X..., un notaire. A défaut de l'automobile, réquisitionnée, il demande le père Jude pour aller avec lui en voiture chercher, à quelques kilomètres d'ici, sa mère très âgée et impotente, qui, par exprès, vient d'exprimer le désir d'être transportée à

Reims. Pierre, estimant qu'il n'y a pas un instant à perdre, offre le phaéton et Rosette, beaucoup plus légers et rapides que le camion et le cheval de la maison.

Le petit train a cessé de glisser devant nous, sur son rail, au flanc de la chaussée. C'est fini : plus de sifflets, plus de ronflement essoufflé, plus de convois lamentables. La ville se recueille. Il n'y a plus, dit-on, de soldats dans Reims. A travers la grille du jardin et par les fenêtres ouvertes, des enfants affamés demandent du pain, des restes, de l'eau, n'importe quoi pour apaiser leur faim et leur soif. La suppression des bruits accoutumés rend cette détresse plus navrante.

Dans l'après-midi, un voisin, habitué de l'hôtel de ville, nous annonce que Reims est déclaré ville ouverte; la municipalité s'est assuré la rançon pouvant être exigée par l'ennemi. Peu après, mon mari, allé aux nouvelles, rapporte copie d'un édit du maire invitant la population au calme, défendant les rassemblements, dictant leur conduite aux habitants en cas d'occupation et ordonnant le dépôt immédiat des armes. Ainsi donc, le sort de la cité est officiellement fixé. Dans la cruauté de l'heure, et bien qu'au fond de nous-mêmes nous sentions Paris et la France en grand danger, nous éprouvons de cette décision la sorte de soulagement qu'on ressent à constater qu'un moribond cher a cessé de souffrir.

Nelly et moi plaçons dans les meubles de nos chambres le contenu de nos valises et portons celles-ci au grenier, afin de cacher à l'envahisseur notre situation de réfugiés et de n'être point, comme tels, dépouillés et expulsés de la ville.

Le notaire avec le père Jude ont mené à bien leur expédition. Il était temps : la houle grise des Allemands déferle maintenant aux portes de Reims, disent-ils. Le camionnieur, en venant remiser notre équipage, nous conte qu'en cours de route un soldat français inconnu de lui, se détachant d'une colonne en marche, s'est approché et lui a fait jurer de réciter pendant neuf jours un *Ave Maria* à son intention. En souvenir et remerciement, ce soldat lui a donné une petite médaille de piété, qu'il nous montre. Le père Jude ne se parjurera point.

* *

Vendredi 4 septembre.

Ce n'est pas toujours le père Jude qui, en venant vers six ou sept heures soigner les chevaux, nous apporte les premières nouvelles. Dans notre voisinage immédiat, il y a deux gardes-magasins, Remy et Terron, autrefois au service de la maison, qui accourent souvent pour nous livrer, dès notre réveil, leur provision de racontars. Ce matin, le camionneur ne se montre pas. Résolu à ne servir l'ennemi d'aucune façon, il a, durant la nuit, emmené le cheval de ses maîtres, et tous deux sont réfugiés dans une maisonnette dissimulée parmi les arbres touffus d'un jardin situé hors de la ville. Lorsque je descends, je trouve la femme d'un des gardes-magasins cherchant à persuader madame X... de la présence des Allemands à Reims : « Puisque je vous assure que Terron s'est trouvé nez à nez avec une patrouille de quatre uhlans au coin de la rue Libergier ! » Remy, survenant, ajoute : « Mais il en passe et repasse en auto tout le temps, dans la rue de Vesle. » Notre amie, mécontente et mal convaincue, tourne le dos à ses interlocuteurs. Contre son habitude, elle est silencieuse.

Vers neuf heures, Pierre manifeste le désir d'aller vérifier ce qui se passe en ville. Je lui demande de l'accompagner ; madame X..., qui, dit-elle, n'est pas sortie depuis quinze jours, déclare vouloir venir avec nous. En un tour de main, nous sommes tous trois prêts à sortir. Nelly, esclave de son enfant, ne peut, à cette heure matinale, s'absenter; elle reste avec la bonne.

Nous nous dirigeons vers la rue de Vesle.

Avant d'y arriver, il nous faut, ayant longé la chaussée du Port, traverser la rue Libergier et prendre la rue Payen. Chemin faisant, notre amie s'arrête pour me montrer diverses propriétés de son fils. Après avoir tourné le coin de la rue Libergier, elle sonne à une porte; personne ne répond, toutes les persiennes sont fermées. Afin de mieux vérifier les étages supérieurs, elle recule jusqu'au milieu de la rue, où je la suis. A ce moment, mes yeux se portent vers la cathédrale qui, telle une grande châsse d'or vert, resplendit sous les rayons obliques du soleil. Les platanes des trottoirs balancent devant elle leurs palmes, et les premières feuilles rouges et jaunes tombant à terre semblent vouloir tisser un somptueux tapis au devant de Notre-Dame. Je n'ai jamais eu pareille impression de majesté.

Mon mari nous a devancées rue de Vesle. Nous le rejoignons. Ah! maintenant, il serait difficile de nier que les Prussiens sont à Reims. Leurs autos sillonnent la rue dans les deux sens avec une prestigieuse rapidité : voitures superbes, où se prélassent des officiers d'heureuse mine et dont rien ne pourrait rendre l'air triomphant. Les uns saluent la foule avec des sourires amènes et comme ironiques; les autres, de leurs doigts gantés, envoient des baisers aux femmes jeunes et jolies remarquées aux fenêtres. Dans chaque voiture, derrière les officiers, il y a quatre ou six soldats armés, debout ou à genoux, face aux maisons des deux côtés de la rue, et prêts à mettre leur fusil en joue. Il faut croire que l'arrêté du maire interdisant les attroupements et les stationnements est demeuré lettre morte : jamais il n'y eut autant de badauds arrêtés à faire la haie et à échanger des réflexions. . . . .

. . . .

. . . . . . De temps à autre, un agent de la police municipale essaye de faire circuler : personne n'obéit. Et cela m'humilie de comparer les Rémois petits de taille, dos voûtés et malingres aux spécimens hauts, droits et forts de la race germanique défilant devant nous.

Notre hôtesse connaît tout le monde ici, et tout le monde la connaît. Elle parle à l'un, répond à l'autre, s'aventure sur la chaussée en dépit des défenses, s'arrête à chaque instant. Cela énerve Pierre. « Je pense, dit-il, que nous n'allons pas séjourner là, parmi cette foule ? C'est imprudent. Montons sans nous arrêter jusqu'à la place Royale, ou bien rentrons à la maison. » Il n'a pas achevé, quand retentit une formidable détonation ! On n'y prend pas garde. Nous sommes à hauteur de l'église Saint-Jacques : deuxième détonation ! Les gens se retournent et réfléchissent : « Tiens ! ils fêtent leur entrée en tirant le canon à blanc. » Mais les orgueilleux officiers teutons, passant toujours, deviennent sourcilleux et marquent de l'étonnement. Nous arrivons devant le Théâtre : troisième détonation ! Cette fois, de grands cris s'élèvent. Nous retournant, nous apercevons le bas de la rue de Vesle rempli de poussière et de fumée ; le soleil en est terni. Chacun se met à courir. De tous côtés, l'on nous crie : « Ils bombardent, sauvez-vous, rentrez ! » Place

Royale, les curieux groupés autour de la statue de Louis XV, et grimpés jusque sur le socle, se dispersent dans toutes les directions; ils disent que les Allemands leur ont fait signe de se sauver. Des mères avec leurs bébés fuient en poussant des cris déchirants; les enfants pleurent et ne veulent pas marcher; des hommes empoignent et poussent des femmes, que la peur clouait sur place. Les rues se vident en un clin d'œil, tandis que les obus se succèdent méthodiquement et choient à grand fracas. Nous sommes très émus, mon mari et moi. Connaissant mal les rues de Reims et n'apercevant aucun véhicule susceptible de nous transporter, nous prenons instinctivement la première rue qui se présente à notre droite. C'est la rue du Cloître; elle nous mène au chevet de la cathédrale. De là, par la rue Robert-de-Coucy, nous nous dirigeons vers le Parvis. Nous pressons notre amie, dont la sérénité ne paraît pas avoir fléchi. « Impossible, mes enfants, nous fait-elle observer, ma maladie de cœur m'interdit de marcher vite. Allez sans moi. » Nous lui offrons l'aide de nos bras; elle refuse énergiquement, prétextant qu'il fait trop chaud. Nous ne songeons pas à l'abandonner, mais quelle angoisse! Involontairement j'allonge le pas et me trouve à quelques mètres en avant. Au milieu de la rue, en face de la porte du *Beau Dieu*, deux ecclésiastiques vêtus de longs manteaux, et dont les visages demeurent impassibles, sont arrêtés et, impénétrables, regardent le haut de la tour nord, embuée d'un nuage de poussière et masquée d'échafaudages, d'où s'envolent une multitude d'oiseaux gros comme des pigeons. Un long sifflement au-dessus de ma tête. Je me tapis dans l'embrasure d'une petite porte; et voici qu'à mes pieds, après un fracas énorme, tombent des pierres, des gravats, de la poussière. Des objets étranges, que je prends d'abord pour des morceaux de culs de bouteille, frémissent et rebondissent sur le pavé. Je fais un pas pour me saisir de ces singuliers objets, et ma main se tend déjà vers l'un d'eux, lorsque je comprends leur nature. C'est la mort qui rôde autour de moi. J'ai peur. Je reste immobile, pétrifiée, le regard machinalement fixé sur des sculptures déposées au bas de la cathédrale et dont tous les détails m'apparaissent avec une netteté prodigieuse. Un ouvrier court, hagard, tirant par le coude une jeune femme qui hurle et replie son tablier sur un petit enfant blotti dans ses bras. L'homme me crie : « Allez-vous en, on vise la cathédrale !

Mon mari et madame X... m'ont rejointe. Nous voulons nous éloigner par la rue du Trésor. Je ne sais pas comment, revenus sur nos pas, peu d'instants après nous nous trouvons sur la place du Parvis. Le sifflement et l'éclatement des obus se précipitent. Nous nous sauvons par une rue adjacente, qui nous conduit sous le péristyle du Théâtre. Là, sentant que nous virons sur place, nous adjurons notre hôtesse de nous faire regagner la maison par le plus court chemin. « Eh ! bien, mes amis, dit-elle, c'est de prendre la rue Libergier. » Nous contournons le Théâtre et nous arrivons rue Libergier, à quelques pas de la place du Parvis. « Voyez donc, s'exclame notre amie qui s'est arrêtée et regarde en l'air, voyez donc : une bombe tombe en plein sur la cathédrale ! » Je n'aperçois qu'un nuage, poussière ou fumée, et le vol tournoyant des gros oiseaux ; mais un fracas de verrières brisées me fait tressaillir de crainte. Madame X... propose d'entrer au café Saint-Denis, tout proche. Tandis qu'elle s'attarde à frapper à la porte de cet établissement dont les volets sont barrés, comme sont clos sur notre passage tous les accès des magasins et des maisons, je prends ma course, ou plutôt je suis saisie au bras par une force invisible qui m'arrache de la rue Libergier et me jette dans la rue Chanzy. Un homme courant me demande où je demeure; je le lui dis. D'un geste, il me donne la direction et prononce quelque chose que l'éclatement d'un obus m'empêche d'entendre. Madame X... crie : « Pas par là! Par ici, par ici! » Je ne me retourne pas. Pierre court après moi : « Isabelle, Isabelle, où vas-tu par là? » Sans m'arrêter, je lui crie par dessus l'épaule : « Viens, viens vite! » Aucun argument humain ne me ferait revenir sur mes pas. La puissance qui m'entraîne martelle dans ma tête : « File, file, ne cède pas, va donc! » Je me trouve dans la rue Hincmar. Mon mari, qui me suit de loin, m'enjoint de ne pas aller si vite, à cause de notre amie; je lui réponds, farouche et résolue : « Viens, viens! c'est par ici qu'il faut passer. » Fort heureusement, madame X... a renoncé à la rue Libergier et se montre à quatre vingts pas en arrière. Hormis nous, pas une créature vivante dans les rues maintenant. Alors commence pour Pierre et pour moi le plus affreux supplice. Si nous étions seuls, nous serions en trois minutes rendus chaussée du Port. Je marche toujours en avant, avec la certitude que nous allons être tués; notre amie avance lentement; mon mari fait la navette d'elle à moi, pressant l'une, rassurant l'autre. Les obus sifflent, miaulent au-dessus de nous, éclatent tout autour, provoquant des vacarmes d'effondrement. Quand le long crissement, comme de soie déchirée, plane, on s'aplatit d'instinct, et bien inutilement d'ailleurs, contre une muraille. Pas une fois l'idée ne nous vient de nous coucher par terre, ainsi qu'il est bon, paraît-il, de faire en pareille occurrence. Au coin de la rue Clovis, un obus vient de tomber, trouant des maisons, arrachant le pavé et broyant le télégraphe, dont les fils gisent tordus sur la chaussée. Est-ce que nous allons être écrabouillés dans cette ville aux yeux morts, au long de cette interminable rue où il n'y a personne, personne, personne! Littéralement, je ne sais plus à quel saint me vouer. J'appelle les morts : « Maman, au secours! Où que tu sois, entends-moi. Est-ce que tu vas nous laisser périr? Viens donc à notre aide! » Aux instants où Pierre est à portée de ma voix, je lui insinue de courir rassurer Nelly et d'aller ouvrir la porte de la maison, espérant ainsi le mettre plus vite à l'abri. Je regrette aussitôt ces insinuations, car, s'il les écoutait, ce serait peut-être pour lui aller au-devant d'un plus grand péril. Voici que je l'aperçois, à quelques pas devant moi, nous faisant signe du seuil d'une maison dont la porte est entr'ouverte. Une dame se penche dans l'entre-bâillement et nous appelle aussi. J'accours. Mon mari va aider madame X... à franchir la distance.

Dans le rez-de-chaussée où nous sommes introduits, je reconnais aussitôt, en la dame qui nous a appelés, une négociante de Vouziers. Elle est réfugiée ici, chez sa fille, interprète à l'hôtel Métropole. Une douzaine de personnes, locataires des étages supérieurs de l'immeuble, sont réunies dans la salle à manger aux volets clos, et exhalent bruyamment leur frayeur dans la pénombre. Une jeune mère, les poings crispés à son corsage, le visage ruisselant de larmes, défaille sur un siège, ses quatre bambins tapis dans ses jupes. Ce serait pathétique au suprême degré, si l'on était plus silencieux. Mais chacun, pour se raffermir sans doute, tient à bavarder. Au sifflement de l'obus, on pronostique l'endroit où il va tomber; quand il éclate, on suppute les dégâts. On se conte des histoires de l'autre guerre; on rappelle que le 4 septembre 1870, tandis que la République était proclamée à Paris, les Prussiens entraient à Reims, en musique et au pas de parade, sans faire de mal à personne. Enfin on commente de diverses façons, toutes bizarres, le bombardement d'aujourd'hui. La sinistre trajectoire hurle soudain de façon encore plus menaçante, et c'est un fracas terrible, comme si la ville entière s'abîmait. La maison a remué du haut en bas. On se tait. Je me figure que la cathédrale vient de s'écrouler, qu'est abattu l'ostensoir miraculeux, salué dans le soleil ce matin par la palme des arbres. L'angoisse m'écrase le cœur. Des ondes de glace et de feu me parcourent, je brûle et frissonne en même temps; je gémis malgré moi. On me demande si je suis malade, si j'ai peur. Je tremble tellement que je ne puis répondre. Je ne suis pas malade cependant. Quant à mon effroi, qu'est-ce auprès de l'horreur du crime perpétré sur Notre Dame, sur Notre Mère immaculée!.. Un galop d'homme dans la rue. Ici les langues se redélient : « C'est dans la cour! — C'est rue Chabaud! — C'est dans la maison à côté! » Quelqu'un entre et dit : « C'est rue Libergier, à l'École professionnelle, où plusieurs personnes ont déjà été tuées par des bombes précédentes. » Peu à peu, je respire mieux. On nous félicite de ne pas être passés par la rue Libergier, où nous aurions sans doute trouvé la mort.

Les projectiles arrivent maintenant plus espacés. La monstreuse flagellation décroît, cesse.

En quittant l'hospitalière maison, c'est un étonnement de retrouver la lumière du soleil, la douceur du ciel bleu et la bonté de l'air qui déjà se purifie de l'immonde buée. Il n'y a pas deux cents mètres à parcourir pour atteindre notre demeure, et je ne sais si je pourrai jamais y arriver : mes jambes sont plus lourdes que plomb, mes genoux fléchissent, j'ai grand peine à marcher. Cette sensation, je ne l'ai, de ma vie, éprouvée. Afin de la surmonter, je me représente que Nelly, si elle n'a pas été atteinte, doit, en nous attendant, se morfondre dans une cruelle inquiétude. Quand nous débouchons chaussée du Port, un obus siffle encore, et nous voyons sur le trottoir opposé un homme se jeter à plat ventre au pied d'un tas de planches, en serrant contre lui son matériel de pêcheur à la ligne.

Dieu merci! la maison de notre hôtesse n'a

pas été touchée. J'y rentre la première. Portes, croisées, persiennes, tout est ouvert. Dans leur affolement, Nelly et la bonne n'ont pas songé à fermer. Elles me disent qu'elles ont d'abord cherché refuge à la cave, où Hélène, pas le moins du monde émue par le canon, n'a point voulu rester. Force donc ayant été à Nelly de remonter, elle a revêtu l'enfant de ses meilleurs habits et jeté à la hâte des objets dans une valise, se tenant ainsi prête à fuir au cas où un obus crèverait ou incendierait l'habitation ou les chantiers. Quant à la bonne, elle n'a eu le loisir ni même la pensée de préparer le déjeûner, préparation qui eût été superflue, car nul, sauf la petite Hélène, ne songe à manger. Pierre, aussitôt rentré, se met au lit et s'endort. Moi-même, opprimée par un invincible besoin de sommeil, je m'affaisse dans un fauteuil d'où ne me tirerait pas, je crois, un nouveau bombardement.

Au cours de l'après-midi, on vient nous donner des détails sur l'événement du matin. Les batteries tiraient des Meneux, à quatre ou cinq kilomètres au sud-ouest de Reims. Il y aurait eu malentendu : le commandement de l'artillerie n'aurait pas été averti à temps de la reddition de la ville et aurait ignoré qu'au moment où ses canons étaient mis en action, l'état-major entrait dans Reims et que l'intendance traitait avec le maire au sujet des réquisitions. Le feu aurait été arrêté seulement lorsque de courageux citoyens s'étaient dévoués à aller hisser au sommet de la tour nord de la cathédrale un drapeau blanc fait de deux draps noués sur un faisceau de longs manches à balais tête-de-loup. Une autre version donne pour raison du crime la disparition de deux parlementaires de haute noblesse prussienne envoyés à Reims, disparition dont auraient été rendus responsables les Rémois. Enfin, d'aucuns voient dans l'attentat un effet du système de terrorisation employé par les Allemands en pays conquis. Quoi qu'il en soit, il faut déplorer une soixantaine de morts et compter deux cents blessés. La cathédrale, à part des vitraux brisés, un trou dans la façade nord et quelques sculptures détériorées, n'a pas subi de gros dégâts. La basilique de Saint-Remy est plus éprouvée. Les rues de Vesle et Libergier et celles avoisinant Saint-Remy sont les plus endommagées. Il y a beaucoup de maisons démolies, et des incendies ont éclaté. On raconte d'affreux détails : enfants hachés, jeunes filles décapitées dans la rue ou chez elles, femmes coupées en deux, entrailles éparpillées, cervelles jaillies aux murailles, famillles entières tuées d'un coup. Grande est la consternation.

Quand le silence de la nuit enveloppe la cité en deuil, de la place du Parvis, où bivouaquent des compagnies allemandes, s'élèvent des chœurs de triomphe, en lesquels s'ordonnent savamment de profondes et mâles voix. D'autres chants de gloire graves et mystiques y répondent, du faubourg de Paris.

Samedi 5 septembre.

Tandis que mon mari va de son côté, madame X..., Nelly, Hélène et moi sortons pour aller constater *de visu* les effets du bombardement.

Les rues sont jonchées de débris de vitres; çà et là, elles montrent de grands trous creusés par les obus. Dans la rue Libergier, l'Ecole professionnelle, dont la façade est encore debout, a son intérieur en ruines; plusieurs femmes et des enfants y ont trouvé la mort. Dans le voisinage, une petite bonne a été déchiquetée sur le seuil de sa cuisine. Rue de Vesle, on nous montre les volets clos d'une pharmacie, au travers desquels un éclat d'obus a pénétré, tuant le fils du pharmacien, un enfant de quatorze ans. Dans la même rue, des maisons sont éventrées, d'autres sont consumées aux trois quarts.

Nous allons ensuite dans le quartier Saint-Remy. La basilique a beaucoup souffert extérieurement; une voûte du transept a été crevée par un obus qui a éclaté sur les dalles et fait à l'intérieur d'inappréciables ravages. Les boutiquiers des rues environnantes ne sont pas encore remis de leur frayeur. Non loin de l'église, devant une maison de modeste apparence, stationne une voiture chargée de cercueils : on nous dit que dans cette maison onze personnes ont péri. Les habitants de ce quartier populeux, voyant l'acharnement mis à les bombarder, se seraient enfuis vers les grandes caves à champagne, que la municipalité devait faire ouvrir en cas de besoin, et, n'ayant pas trouvé ces caves ouvertes, ils auraient été obligés d'errer sous le bombardement.

Au cours de notre promenade, nous rencontrons beaucoup d'Allemands. Ils déambulent tranquillement, envahissent les magasins et remplissent leurs vastes poches de victuailles, qu'ils payent avec des bons de réquisition. Ils sont polis, paraît-il. . . . .

. . . .
. . . .
. . . .
. . . .
. . . .
. . . .
. . . .
. . . .
. . . .
. . . .
. . . .
. . . .
. . . .
. . . .
. . . .

Solidement bâtis, respirant la santé, ces hommes encombrent les rues de leurs massives personnes et font résonner le pavé sous leur pas. Leurs faces tannées sont celles de gens bien nourris, bien soignés, résistants. L'œil, généralement gris bleu, paraît sans méchanceté et plutôt timide. Le visage, rasé, se présente le plus souvent de type blond ou roux. Ils sont très confortablement habillés et bottés. Dans tous ses détails, leur équipement est remarquable.

Rue du Barbâtre, à l'ambulance de l'Enfant-Jésus, deux majors allemands s'expliquent courtoisement avec des dames de la Croix-Rouge française. Ils se disposent à faire entrer dans l'établissement une de leurs voitures. Des civils, ouvriers ou réfugiés, se précipitent, voulant pousser aux roues et ouvrir la porte cochère. De brèves paroles et un geste des majors, armés de cravaches, les écartent aussitôt.

Après avoir fait le tour de quantité de maisons plus ou moins endolories, nous arrivons très fatiguées à l'Archevêché, près de la cathédrale, et je constate avec une grande joie que celle-ci est encore debout tout entière dans sa majesté. Poursuivant notre route, nous atteignons l'hôtel du Lion-d'Or, situé en face de la tour sud. Sur la place du Parvis, à côté de la statue de Jeanne d'Arc, de nombreux soldats ennemis sont campés, leurs fusils en faisceaux alignés près d'eux. Ils chantent. Tout en chantant, beaucoup nettoient leurs armes, aiguisent leurs baïonnettes. D'autres, troncs nus, font leurs ablutions; l'un deux, gigantesque albinos, frictionne énergiquement son torse d'hercule. S'ils interrompent ces diverses occupations, c'est pour manger. En arrière d'eux fonctionnent des cuisines roulantes, près de cantines et de chariots de ravitaillement. Le terrain vague où se trouvait l'ancienne prison, aujourd'hui démolie, est occupé par des chevaux entravés. Ce sont de très beaux animaux, bien en point, fraîchement marqués, et dont la diversité de races se remarque tout de suite. Je reconnais parmi eux des sujets accomplis de cette bonne race ardennaise sélectionnée avec tant de soin dans les fermes du canton d'Attigny. Ceux-ci n'ont pas encore eu le temps, sans doute, de se plier à la discipline allemande, car, naseaux au vent, nostalgiques de leurs pâturages, ils hennissent éperdument. De l'ensemble du campement se dégage une odeur particulière, désagréable, écœurante. Elle me rappelle des relents détestés en 1870, époque à laquelle, toute petite, je ne savais où me cacher pour échapper à la puanteur des Allemands logés chez nous, à Charleville. Nous attribuions alors cette odeur à leur nourriture assez misérable, comme était d'ailleurs leur équipement. Aujourd'hui qu'ils marquent l'opulence et observent l'hygiène la plus stricte, les relents sont les mêmes et aussi accentués.

L'hôtel du Lion-d'Or semble être le siège de

l'état-major, le rendez-vous des officiers supérieurs. Ils arrivent là en autos fastueuses et découvertes, à toute vitesse. Impeccables d'attitude, rigides en leur maintien, ils portent des uniformes très simples, mais de drap magnifique et de coupe parfaite. Leur haute stature, leur façon de marcher, leurs mouvements d'un rythme automatique disent les longs et patients exercices d'assouplissement et de gymnastique auxquels ils se sont soumis pour arriver à donner à leur corps cette sorte de géométrique perfection. Beaucoup sont jeunes, d'aucuns très jeunes; les vieux, à l'air rébarbatif, gardent une étonnante verdeur. Je remarque qu'un grand nombre de ces officiers, et non des moins arrogants, ont le visage balafré de cicatrices anciennes. Tous, en arrivant en vue de la cathédrale, n'ont d'yeux que pour elle. Je ne saurais dire l'expression de joie conquérante qui tranche alors dans leurs prunelles bleues; mon cœur se serre à l'observer, car ces regards ne sont pas de pure admiration : ils expriment plutôt la satisfaction brutale d'une convoitise.

A ces guerriers superbes vient se mêler une femme, descendue d'un fiacre noir attelé d'un cheval blanc. Elle aussi est grande et bien proportionnée. Aucunement empruntée de manières ni de mouvements, elle semble la sœur ou l'égale des hobereaux entrant au Lion-d'Or ou en sortant. La cathédrale ne semble pas l'intéresser. Ses regards impérieux s'obstinent à se tenir au-dessus du peuple de Reims attroupé sur le parvis. J'attribue à cette dame des pensées pratiques et une dure vanité. Elle porte une robe blanche ceinturée d'une noire écharpe flottante et un chapeau blanc à voile noir.

. . . .

. . . .

. . . .

. . . .

. . . .

. . . .

. . . .

. . . .

. . . .

. . . .

. . . .

. . . .

. . . .

. . . .

. . . .

. . . .

A la maison, je trouve mon mari guettant mon retour. Il a lu les proclamations allemandes. Dans l'une d'elles, le commandement militaire, après avoir assuré la population de sa bienveillance, avertit que si les habitants se livrent au moindre désordre et s'ils molestent les soldats, ils seront châtiés dans leur vie et leurs propriétés, les innocents payant pour les coupables Dans une autre, les réfugiés de la Marne, de l'Aisne et des Ardennes sont invités à regagner leurs foyers sous la protection d'un sauf-conduit délivré à l'hôtel de ville et visé par la kommandantur, au Lion-d'Or. Les habitants n'auront pas pour le moment de troupes à loger ; elles seront réparties dans les casernes, les officiers occupant les hôtels.

Après déjeuner, je veux aller lire moi-même les édits. Auparavant, j'éprouve le besoin de visiter Notre-Dame. On n'entre plus par le grand portail ; la petite porte nord est seule ouverte. A l'intérieur, les traces de l'attentat d'hier n'ont pas disparu : des pierres, des débris de sculptures et de verrières gisent à terre. Pas d'autres dégâts. La cathédrale, presque intacte, demeure aussi belle qu'avant, plus belle même et plus touchante, si l'on songe à ce qu'elle vient de souffrir. Peu, très peu de Rémois sont là à présenter leurs dévotions ; mais beaucoup d'Allemands, officiers et soldats, saxons dit-on, la parcourent avec déférence, s'y recueillent, prient. La *Jeanne au Sacre* du chœur, mal à l'aise dans sa gaine de matières précieuses, baisse les yeux et semble sur le point de pleurer.

Au sortir du saint lieu, je me dirige vers l'hôtel de ville. En arrivant sur la place, j'aperçois avec surprise, adéquates aux pilastres de l'entrée en haut du perron, des cariatides imprévues. M'approchant, je constate que ces cariatides sont des sentinelles allemandes, tellement immobiles dans leur costume de nuance semblable à la pierre qu'elles devaient donner lieu à ma méprise. Devant l'édifice une compagnie d'infanterie est campée, et c'est, moins les chevaux, la répétition des scènes du Parvis. J'arrive près des affiches. Elles sont rédigées en si mauvais français et le ton en est si lourdaud, que leur caractère de férocité en devient grotesque. Je voudrais prendre copie de ces choses; les lecteurs attendant derrière moi sont trop nombreux et les factionnaires font circuler en menaçant de coups de crosse. Je copierai un autre jour.

De son côté, Pierre est allé à l'hôtel Métropole remercier les dames qui nous ont hier secourus. Dans les écuries, démolies par un obus, un cheval a péri. Quelques personnes de Vouziers rencontrées là se proposent de reprendre lundi prochain le chemin des Ardennes. Le personnel de l'hôtel intrigue au Lion-d'Or afin d'obtenir sauf-conduit aller et retour pour un cheval et une voiture de louage. Si la kommandantur a promis sauvegarde aux réfugiés, elle n'a pris aucun engagement concernant les animaux et les véhicules, et l'on se méfie. C'est pourquoi du reste, depuis l'affichage de l'avis, les émigrés en général préfèrent le voyage à pied à tous les moyens de transport. Place Royale, un certain nombre de notables de Charleville se disposaient à regagner ensemble et pédestrement leur cité. Comme la femme de l'un d'eux est souffrante, ils décidaient de se procurer à son intention une voiture à bras, qu'ils pousseront tour à tour.

Tandis que mon mari devisait avec ces Carolopolitains, le prince August-Wilhem, près du monument de Louis XV, descendait d'automobile, saluait d'un geste affable et protecteur la foule, et, suivi de deux officiers, se rendait à pied à l'hôtel de ville. C'est un grand et svelte jeune homme au visage imberbe, fier et gracieux en même temps; il porte avec aisance l'ample manteau bleu clair connu.

A l'hôtel Métropole, Pierre a vu aussi des officiers venus y sabler le champagne. Ils parlent bien notre langue, sans accent. Visiblement ils éprouvent du plaisir à engager conversation avec des Français. Selon une leçon apprise ou une auto-suggestion collective, pour eux c'est l'Allemagne qui a été attaquée; elle combat pour sa défense. La Russie, voilà l'ennemi! Les succès obtenus par elle en août les font sourire. A cette heure, les Allemands battent les Russes, et le grand état-major a résolu la destruction du slavisme et des Slaves... Ils ne sauraient pardonner à l'Angleterre son immixtion dans la lutte. En Belgique, s'ils ont été durs, c'est que la population s'est montrée méchante, à ce point que des femmes belges seraient allées jusqu'à jeter de l'eau bouillante sur les soldats. Ils disent ne point vouloir de mal à la France, faite pour s'entendre avec l'Allemagne; mais les Français ayant pris parti pour les Russes, les Allemands ont été à regret obligés de marcher contre nous. « En ce moment, dit en manière de conclusion l'un des officiers, nous avons trois armées devant Paris; le gouverneur a dû être sommé de se rendre dans les vingt-quatre heures. La vingt-quatrième heure écoulée, s'il ne s'est pas rendu, Paris sera bombardé et pulvérisé. » A les entendre, le bombardement subi par Reims, ayant été effectué avec des pièces de campagne, n'est rien auprès de ce qu'ont été ceux des forts de Liège et de Namur, exécutés avec des mortiers de 420 dont un seul projectile suffit pour anéantir l'ouvrage de fortification le plus moderne. Aussi, la reddition de Paris n'est-elle pas douteuse. Ils ironisent d'ailleurs sur l'armée française, qu'ils n'ont jamais vue, tant elle met d'empressement à reculer devant eux. Enfin, toujours selon ces officiers, Reims, cet après-midi, l'a échappé belle. Les deux parlementaires disparus n'ont pas été retrouvés; et si leur trace n'avait pas été suivie jusqu'à Epernay, prouvant ainsi l'innocence des habitants de Reims, la ville eût payé cher leur disparition.

Dimanche 6 septembre.

Au lever du soleil, je me suis rendue à Notre-Dame. Des soldats, des officiers allemands assistaient aux premières messes. Le grondement du canon, disant que des millions d'hommes rachetés par l'unique sang du Christ s'entretuaient dans le radieux matin, se mêlait au murmure des bénédictions liturgiques. A quoi pouvaient bien songer les reîtres prosternés? Demandaient-ils pardon à Dieu d'avoir déchaîné la guerre, pardon des massacres de Belgique et de Lorraine?...

En sortant de la cathédrale, je rencontre une

balayeuse connue à la maison. Blessée vendredi par des éclats d'obus à la tête et aux bras et transportée à l'hospice, elle vient, quoique très souffrante, d'en être renvoyée avec d'autres malades pour faire place aux blessés allemands arrivant en grand nombre.

L'après-midi, dans la vieille cité royale la liesse tudesque se donne libre cours. Ce sont des musiques et des chants partout. Les soldats ont licence de se promener sans leurs inquiétants fusils. Ils vont par bandes, martelant le bitume de leurs talons sonores. De nos fenêtres, nous les voyons poches gonflées de friandises. Ils mangent tout en marchant, mordant à même les pavés aux fruits, lèchant à même les pots de confitures, gobant avec gourmandise de gros cigares allumés. Des filles publiques rôdent autour d'eux, les suivent, les accostent; mais trop occupés à bâfrer, ils les repoussent, les secouent, sans d'ailleurs les décourager.

L'air s'alourdit, comme à l'approche d'un orage. Je suis accablée de lassitude. Je pense à Roche et à Paris : que ne donnerais-je pas pour savoir ce qui s'y passe! Nelly est sortie avec sa fillette; Pierre est allé aux nouvelles. Je suis seule avec notre bonne hôtesse. Elle met sous clef des volumes de grand luxe, et, me voyant attristée, place sous mes yeux un de ces magnifiques ouvrages. Je le feuillette sans plaisir, sans attention, même.

Lundi 7 septembre.

J'accompagne notre amie à la maison de son gendre. Là, dans des chambres exprès aménagées pour des blessés, deux Germains blonds, grands et gras, jeunes paysans au masque rond, ont été amenés ; ils nous reçoivent debout, mi-souriants. Leurs blessures, des coups de baïonnette, ne sont pas très graves. Ils doivent aller en ville se faire panser tous les jours. Depuis qu'ils sont là, dans un langage que ne parvenait pas à comprendre la gardienne du logis, ils demandent du pain et de la soupe, car la nourriture des blessés débordant des ambulances est à la charge de l'habitant. Ils ont l'air très doux, déplorent la guerre, à cause des maux qu'elle engendre et parce qu'elle les a forcés à quitter famille et travaux.

Au retour, nous longeons le canal. Sur le pont d'une péniche, un officier, visitant les bateaux amarrés, s'arrête devant un bel enfant, le soulève, l'embrasse et pleure en disant que ce bébé lui rappelle le sien laissé là-bas, en Allemagne. Dès qu'il a quitté la péniche, la mère, avec un geste espiègle au dos de l'officier, nous confie que les armes de son mari parti à la guerre sont trop bien cachées pour être découvertes.

Au déjeuner, Pierre nous dit avoir vu stationner près du pont de Vesle un convoi de prisonniers français, serrés les uns contre les autres dans des chariots automobiles. Quoique fatigués, ils faisaient bonne figure. La population s'empressait autour d'eux, leur distribuant des douceurs.

Mardi 8 septembre.

Le canon tonne terriblement au loin, en face de nous et à notre gauche...

Mercredi 9 septembre.

Au sud-ouest, la canonnade, incessante, semble se rapprocher. Que se passe-t-il? Nous n'avons pas de nouvelles certaines et ne voyons aucun journal. Il paraît sûr du moins que Paris n'est pas pris.

Désirant ne point prolonger notre séjour à Reims, nous sommes assez perplexes. En ce moment, le retour à Roche serait seul possible, facilité par le sauf-conduit allemand; mais nous risquerions de ne trouver là-bas que ruines, sans la possibilité de nous en éloigner. Y trouverions-nous seulement les aliments indispensables à un convalescent et à un enfant délicat? Ici, le lait de Rosette remplace tant bien que mal celui que la laitière n'apporte plus régulièrement. Puis, en route, notre bonne Rosette ne tenterait-elle pas un larron de remonte prussienne? On raconte que des réfugiés, repartis chez eux, ont été arrêtés chemin faisant, se sont vu réquisitionner chevaux et voitures, tandis que les femmes, en attendant le retour des équipages conduits par leurs hommes, étaient obligées de servir l'ennemi en lavant son linge ou en faisant sa cuisine. Quoi qu'il en soit, avant d'entreprendre le voyage, il serait indispensable de savoir ce qui s'est produit dans notre village. Les personnes de Vouziers parties lundi ont promis de renvoyer des nouvelles par leur conducteur; mais ce qu'on apprendra ainsi concernera uniquement Vouziers. Il y aurait bien un moyen de savoir : ce serait de questionner des officiers allemands. Je sais que mon mari ne fera point cette démarche. Oserai-je, moi, l'entreprendre? Parmi les occupants de Reims, il y a, dit-on, l'état-major d'un corps d'armée saxon. Or, naguère, nous avons reçu de Leipzig des témoignages spontanés de considération et de déférence. L'un des auteurs de ces démonstrations épistolaires compte peut-être au nombre des officiers de cet état-major. Il faudrait donc aller à la kommandantur et, si j'étais admise à parler à un officier, que je me présente sous l'égide du nom de mon frère Arthur et du pseudonyme de mon mari... Non! cela, je ne le pourrais faire. Serais-je plus hardie vis-à-vis d'une femme? Il y a au Lion-d'Or des femmes d'officiers; j'ai rencontré des dames de leur Croix-Rouge à la cathédrale. M'adresserais-je à elles? Ou bien à cette femme en blanc et noir, qui est partout, que je vois chaque jour? Celle-ci est bien fière; ses yeux ne daignent s'arrêter nulle part et, pour ne point rencontrer ceux des Français, se lèvent au-dessus de tout... Et puis, non! Vraiment, peut-on demander quelque chose à un ennemi?

J'erre par la cité, en quête de renseignements. Des petits commerçants, des gens du peuple, des réfugiés se groupent sans se connaître, causent entre eux, sympathisent. Je m'approche, écoutant, interrogeant parfois. J'ai le vague espoir de rencontrer un paysan échappé ces jours-ci du canton d'Attigny et qui me donnerait des nouvelles précises de Roche. Je ne rencontre pas ce que je cherche; je n'apprends rien. Du reste, je n'ose m'arrêter longtemps près des groupes, car les attroupements ont été sévèrement interdits par le gouverneur, et les agents de la police municipale exécutent ses ordres avec une sorte de terreur.

Aujourd'hui, l'on n'a plus le droit de traverser la place du Parvis et, sauf aux porteurs de laissez-passer, l'hôtel du Lion-d'Or est inaccessible. Beaucoup de blessés sont amenés dans Reims. On en voit se promener dans les rues avec des pansements sales et sanglants, qu'ils vont sans doute faire renouveler. Les chefs n'ont plus l'affabilité des premiers jours; ils sont roides, affairés, soucieux.

Par la rue Robert-de-Coucy je me rends à Notre-Dame, mon phare, mon guide, et où je reçois, sinon le très haut conseil surpassant souvent ma compréhension, du moins l'impulsion qui me projette ou le choc qui m'immobilise, selon des desseins mystérieux. Dans la basilique où la France fut baptisée et sacrée en la personne de ses rois, les ennemis des Français prient. La vision me hantera longtemps d'un officier, de haut grade à en juger par l'ampleur et la nuance de son manteau, qui, le front touchant la dalle, les mains jointes, s'absorbe dans une méditation que nul va-et-vient, nul bruit n'ont le pouvoir d'interrompre. J'aurais voulu voir son visage. A celui-là peut-être, dans ce lieu, j'eusse osé adresser la question qui m'obsède. J'ai attendu. Il n'a pas plus bougé que s'il eût été mort.

Dorénavant, la ville de Reims m'apparaît séparée du reste de l'univers par une infranchissable barrière. Elle est aussi une nuit mate, où ne résonne aucun écho, où ne brille aucune lueur. Encore, elle est une prison, où la rigueur des règlements et la sévérité brutale des geôliers imposent silence au plus bavard et font baisser les yeux au moins peureux. Ici s'affirme seule, règne et s'exalte la force colossale que représente l'armée allemande, cette armée qui, examinée dans son ensemble et scrutée dans ses détails, s'impose à notre étonnement. Tout en elle semble achevé. C'est une machine titanesque dont les pièces s'ajustent comme celles des appareils de précision. C'est toute une race façonnée avec un soin patient et jaloux, en vue d'une destination orgueilleuse : la conquête, l'assimilation de l'univers. Ce qui, en présence de cet organisme, déconcerte le plus l'esprit, c'est de constater le concours unanime et absolu qu'y ont apporté les peuples confédérés et la fierté que tous ces hommes, du plus humble soldat au kaiser, éprouvent à en faire partie. On sent là l'existence d'un contrat tacite, auquel les parties sont rivées par un intérêt individuel autant que mutuel. Et l'on s'étonne qu'un génie politique, érigeant en dogme unique la réalisation de la grandiose chimère, ait été assez puissant pour saisir ces peuples dans leur âme et dans leur corps, pour les adapter par toutes leurs fibres à son paradoxal projet de domination et les envoûter au point de leur faire perdre l'individualité.

En face de cette formidable cohésion, de cette coopération disciplinée de millions et de millions d'êtres humains, que va devenir la France divisée, pécheresse inconsciente, Madeleine d'avant la pénitence, folle de l'esprit, s'exténuant en verbiages vains et en gestes imprudents, dilapidant son patrimoine moral dans l'égoïsme pharisaïque du bourgeois, dans l'envie raisonneuse de l'ouvrier et dans le sensualisme commun, gaspillant ses ressources matérielles dans des jouissances puériles? Ah! pauvre France, France de beauté, de charité, quelle va être ta punition! Ton étourderie, ton imprévoyance, tes fautes sont-elles donc irrémissibles? Pourtant, il y a encore des forces vives en toi. Je connais des saints et je sais des lampes allumées...

Jeudi 10 septembre.

Le bruit du canon se rapproche toujours. Cependant, à travers l'air gris et lourd que bousculent des rafales de vent, il nous arrive plus intermittent, ce matin.

A force de se creuser la tête, la pensée et le regard s'hallucinent; si bien qu'en face de la réalité on croit rêver. Ce n'est pourtant pas un songe, ces apparitions de matériel de guerre emporté avec une vertigineuse rapidité vers le sud. Crinières au vent, des coursiers noirs ou roses, aux harnais plaqués d'argent et montés par des cavaliers fous les excitant sans trêve, galopent sur la chaussée et entraînent dans un fracas d'apocalypse des éclairs métalliques qui sont des canons. Des ronflements de moteurs, parmi de violents déplacements d'air et le sable envolé de la chaussée, les accompagnent. L'ouragan de bronze et d'acier disparu, arrivent, moins impétueux, mais aussi imposants, des convois de munitions que dépassent d'immenses automobiles à gradins remplies de soldats et que suivent des cuisines roulantes.

Débouchant du faubourg de Paris par le pont de Vesle sur le canal, des masses d'infanterie rentrent dans Reims. En même temps les rafales accourues du sud apportent, de plus en plus nette, la colère du canon.

Voici que, longeant les chantiers du port, rentrent aussi des voitures d'ambulance. Quand leurs rideaux s'entr'ouvrent aux heurts du pavé, l'on voit des têtes, des bras sanglants et des corps flous. Des charrettes réquisitionnées, attelées de maigres chevaux et conduites par des paysans à pied, suivent les ambulances. Sur ces charrettes, des blessés ont été jetés les uns sur les autres, en tas; on les croirait sans vie, s'ils ne se tordaient parfois dans des spasmes. Le lugubre convoi est fermé par une suite de camions sans ridelles, sur lesquels des couvertures grises moulent des formes rigides; des pieds bottés dépassent les couvertures. D'où viennent ces cortèges de mauvais rêve, et où vont-ils?... Je me rappelle qu'hier, à la nuit, des officiers du génie sont venus rafler dans les chantiers du port les gros madriers qui serviront, disaient-ils, à rétablir le pont de Guignicourt sur l'Aisne; ils paraissaient très pressés; personne n'osait les questionner, bien qu'ils s'exprimassent en français et qu'ils eussent pris un air aimable pour dire que la guerre est un grand malheur, qu'il y a de pénibles nécessités, mais qu'enfin la guerre est la guerre. Je rapproche cet incident de ce que je vois aujourd'hui.

L'après-midi, je me dirige vers la cathédrale. Rue Libergier, on ne passe pas; la rue Chanzy est barrée. J'oblique à gauche, par la rue du Théâtre, et essaie de prendre la rue du Trésor. Un monsieur, le commissaire de police sans doute, qui hier défendait les abords du Lion-d'Or, se précipite au-devant de moi, les bras étendus, interdisant le passage; la sueur perle à son front, sa voix s'étrangle lorsqu'il me dit : « On ne passe pas! »

Force m'est de monter la rue Carnot jusqu'à

l'exquise cour du Chapitre, que je traverse pour gagner la rue du Préau. J'aperçois mon mari rue Robert-de-Coucy; je le rejoins. Nous entrons à l'hôtel Métropole. Des officiers entrent, font résonner leurs éperons et leur sabre, jettent un ordre au garçon et sortent sans aménité. J'observe que lorsqu'ils sont présents, tout se tait. Les gérants de l'hôtel me soufflent à l'oreille : « Chut, chut! Nous ne savons ce qu'ils ont, mais certainement il se passe quelque chose. »

Au lieu d'aller à la cathédrale, dont je vois les abords garnis de troupes, je vais à l'hôtel de ville pour lire les communiqués officiels allemands, rédigés en français. Ces papiers annoncent qu'on se bat sur la Marne, sur l'Ourcq et sur l'Oise, et donnent des détails techniques, incompréhensibles pour nous, civils. Je reviens sur mes pas. La quantité de troupes circulant dans les rues est incroyable. Il y en a de toutes armes et de tous Etats allemands. Ce ne sont pas seulement les géants du nord aux yeux bleus et au poil roux, garde prussienne ou hussards de la mort ; ce sont aussi les types du sud et de l'ouest, plus courts et moins blonds, Bavarois, Wurtembergeois, Saxons.

Les belles rues du Cloître et de l'Université, derrière la cathédrale, sont encombrées de chevaux attachés à des piquets de fer. On me dit que les cavaliers ont, la nuit dernière, couché sur le trottoir nu, devant leurs montures.

Je reviens par la rue de Vesle. Des autos s'entrecroisent, rapides comme des flèches. Sans souci de ce qu'ils pourraient écraser, leurs occupants, de vieux officiers pour la plupart, montrent des mines renfrognées que, du fond de leurs boutiques, les commerçants observent d'un air craintif et narquois. Rue Payen, l'entrepôt des tabacs a été mis à sac. Des gens du peuple sont massés devant la porte, par laquelle sortent des soldats portant des ballots de tabac à priser qu'ils déposent sur le trottoir. Puisant à pleins casques, ils jettent à la volée la poudre brune : les femmes se bousculent pour la recevoir dans leur tablier, les hommes la ramassent à terre et l'emportent dans leur mouchoir ou dans leur casquette.

Vers le soir, au moment où la pluie se met à tomber, deux coups de feu retentissent du côté de l'avenue de Paris. On court, anxieux, aux renseignements. C'est un Rémois, un pauvre dément, qui a tiré à blanc, dit-on, en tous cas sans résultat. Aussitôt sa maison, par ordre, est fouillée. L'homme n'y est pas trouvé, mais le feu est mis incontinent, et, comme défense est faite d'éteindre l'incendie, la maison voisine brûle aussi.

Vendredi 11 septembre.

Toute la nuit, le roulement des convois et de l'artillerie rentrant dans Reims par l'avenue de Paris, nous a tenus en éveil. Le jour venu, jour pluvieux, du seuil de notre refuge nous les voyons à notre droite franchir le pont de Vesle et s'acheminer dans la rue du même nom, interminablement.

Il passe à présent beaucoup d'infanterie, cependant que la canonnade du sud-ouest enfle, s'accélère et toujours se rapproche. On ne sait s'il faut se réjouir ou s'attrister. Une bataille dont Reims sera l'enjeu semble imminente. Des racontars contradictoires, nous ne saurions déduire qui, des Français ou des Anglais, va essayer de nous délivrer. On n'ose seulement conjecturer ce que sera la bataille : Louvain et Dinant se dressent devant nos yeux !

Sur la chaussée du Port, devant les chantiers,

stationnent de grands camions automobiles, où des soldats entassent de grosses pièces de bois qu'ils n'ont pas demandé la permission d'enlever. De chez nous, nous voyons dans les camions les chargeurs manquer du pied sur les bois rendus glissants par la pluie, tomber et se remettre debout sous les dures invectives et la cravache des chefs. Rue Payen, le pillage de l'entrepôt continue. Des gens passent devant nos fenêtres, porteurs de tabac qu'ils offrent contre argent ou gratis; d'autres s'indignent de ce que les Allemands saccagent sans raison pour cinquante mille francs de poudre à priser et seraient d'avis de leur faire un mauvais parti. On raconte que cette nuit, dans les cafés et les restaurants, des officiers ont réglé leur consommation à coups de cravache, que des négociantes ont été giflées et menacées de mort, que des soldats, dans les magasins, remplissent leurs poches et paient en injures. La population s'exaspère; une rixe peut se produire. Que se répètent les coups de fusil d'hier, et ce sera, l'attitude des officiers ne permet pas d'en douter, le pillage en grand, le massacre aveugle, l'incendie général, la destruction de la ville. Je n'ai plus qu'une idée : quitter Reims. Mieux vaut rétrograder jusqu'à Roche, se trouver en présence de cendres éteintes, que d'affronter ici l'horreur du carnage.

Aussitôt le déjeuner, je me faufile vers l'hôtel de ville, afin d'y obtenir des sauf-conduits. Dans le vestibule et dans la grande salle de gauche, des Allemands, vautrés sur de la paille et des matelas, étalent leurs formes massives. Des agents de la police rémoise, à l'air fou de peur, auxquels j'expose ce pour quoi je viens, m'indiquent par signes le premier étage. Je monte et me trouve dans une vaste salle où, disséminés, plusieurs employés écrivent, assis devant des bureaux de fortune. Il y a, dans cette salle, des réfugiés, venus sans doute pour le même motif que moi. On expédie ceux-ci vivement. Quand mon tour est arrivé, j'ajoute à ma requête une demande qui paraît embarrassante au scribe : « Serait-il possible, monsieur, de savoir au préalable l'état actuel du lieu où nous voulons nous rendre ? » Le scribe me renvoie à un autre scribe ; celui-ci à un troisième, et ainsi de suite jusqu'à ce que l'un d'eux consente à me répondre pour me remontrer l'impossibilité où la municipalité se trouve d'être pourvue de renseignements sur les localités envahies. En voyant ma contrariété, il me demande si un motif immédiat nous rappelle dans les Ardennes. Je réponds que non, et qu'ayant mon mari souffrant et un petit enfant avec moi, cela me met dans l'obligation de m'enquérir sur la sécurité de la route, de même que sur l'état des lieux où nous voudrions retourner. Mon interlocuteur réfléchit : « S'il en est ainsi, dit-il, croyez-moi, madame, remettez votre voyage à plus tard. » Il ajoute à voix basse, confidentiellement : « Nous n'avons aucune nouvelle du dehors, mais vous voyez l'affluence insolite des troupes aujourd'hui. Ce qui se passe ici porte à supposer soit un piège tendu à l'armée française, soit une déroute allemande. A mon avis, la ville sera demain plus sûre que la route, et, si vous disposez d'un gîte à Reims, ne le quittez pas en ce moment. » Sur ces mots, une porte à côté s'ouvre, livrant passage à un officier. Vite, l'employé se remet à écrire sans lever la tête et sans plus s'occuper de moi.

Je regagne la maison. Pas moyen de traverser la rue Carnot encombrée de troupes! De ce point élevé, la vue plonge jusqu'au pont de Vesle. Depuis ce pont, ce ne sont que masses allemandes s'avançant en rangs serrés et en ordre parfait vers le faubourg Cérès. Des cavaliers sont arrêtés sur les trottoirs, dos aux maisons, et forment comme une digue aux flots moutonnants de l'infanterie hérissés de pointes de casques et de canons de fusils. Pas un écart de mouvement, pas un cri superflu ; seulement la cadence des pas, énorme, fatidique.

Par des rues transversales, sous la pluie, je me replie vers le Port. Je croise beaucoup de blessés d'aspect minable, errant avec leurs pansements malpropres. Beaucoup de pansements traînent sur les trottoirs, obstruent les ruisseaux. Est-ce à croire que dans cette merveilleuse organisation l'élément humain, une fois hors de service, est délaissé? Ou bien le personnel sanitaire ne suffit-il plus au nombre grossissant des blessés? Toujours est-il que les officiers, rencontrés dans leurs autos crottées plus rapides que jamais, ont l'air figé et irrité en même temps.

Quand je rentre, madame X... raconte à mon mari le fait suivant : Vers quatre heures, un chef de haut grade, ruisselant de pluie dans une auto paraissant avoir fourni une longue traite, est arrivé à l'hôtel de ville. Du haut des degrés, il a harangué la troupe campée sur la place. En l'entendant, les soldats consternés ont, selon un rite de circonstance sans doute, jeté d'un commun mouvement leurs calots à terre et craché, tout en poussant des cris lugubres. A cette mimique, les Rémois présents ont compris qu'il s'agissait pour les Allemands d'une mauvaise nouvelle.

La pluie continue à tomber à flots et le canon fait rage. Vers neuf heures, comme nous sommes à deviser sous la lampe, des coups sont frappés aux volets. Nous ouvrons. Des officiers préviennent qu'ils font charger des bois. Et en effet, de l'autre côté de la chaussée, sur le port, un camion est déjà presque rempli. En dépit de nos instances pour la retenir, notre amie, accompagnée de la bonne, se dirige, lanterne à la main, vers le chantier. Au retour, elle nous fait part de ce que les Allemands lui ont dit : demain sera une journée décisive pour Reims; ne pas sortir de la maison, tenir fermés les compteurs à gaz et à électricité et, au cas d'une bataille dans les rues, se terrer sans hésitation à la cave.

Samedi 12 septembre.

Les aliments qu'en temps de guerre on se procure dans les villes envahies conviennent peu aux santés compromises. A ce régime, Pierre a gagné une crise d'estomac qu'il est urgent d'enrayer. Pour l'achat des ingrédients nécessaires, je me trouve de bonne heure rue de Vesle.

La pluie d'hier a produit de larges flaques, où se mire un ciel couvert d'épaisses nuées. La rue, boueuse et semée d'ordures, est occupée par une double rangée de canons dont la gueule est tournée vers l'ouest. Les artilleurs, près des pièces, attendent. Soudain, un coup de canon, très rapproché, impérieux! Puis une salve. Venus du bas de la rue, des fantassins allemands sans casque ni fusil passent en courant, gesticulant et jetant aux artilleurs ces mots : « *weicht! weicht!* » Une autre salve d'artillerie a répondu à la première. C'est encore plus proche, plus net, plus court. Tremblante des pieds à la tête, je me sauve et réintègre la maison au moment où volets et portes se ferment.

C'est la bataille...

Non seulement c'est la bataille, mais c'est la bataille près de nous, devant nous, de l'autre côté du canal, au sud-ouest. Spectateurs aux premières loges, prions Dieu de ne point devenir victimes de ce qui se passe derrière le rideau de peupliers. Mais comment nous abriter? Les caves des maisons construites le long du port son inhabitables, l'eau y affluant à la moindre averse; les nôtres sont inondées aujourd'hui jusqu'à un demi-pied de haut. Mon mari choisit, au rez-de-chaussée, une pièce éloignée de la façade et dont les volets de fer et les murs solides offriront une certaine protection, tant que la lutte se poursuivra au delà du canal. Si, tout à l'heure, les Allemands se mettent à disputer Reims quartier par quartier, les maisons de la chaussée du Port, une fois le faubourg de Paris franchi, seront les premières à servir de retranchements et par conséquent les premières dévastées, démolies. Et les habitants? Dinant, Louvain dansent devant nos yeux...

Nous avons serré à l'intérieur de nos vêtements les quelques précieux objets dont on ne doit en aucun cas se séparer; nos manteaux sont descendus, placés à portée de la main; nous sommes habillés, chaussés, prêts à fuir. Debout ou assis dans cette pièce en retrait, rencognés dans les angles ou enfoncés dans des fauteuils, nous attendons, nous écoutons. A l'endroit le moins sombre, madame X... tricote sans paraître émue. Nelly se met à un ouvrage de couture, afin, dit-elle, d'entendre moins fort. Pierre, nerveux, a peine à rester en place. Et la canonnade pète, tousse, ronfle, geint, mugit, craque, éclate. A force d'entendre, on parvient à distinguer les coups français des coups allemands, on devine le calibre des pièces, on se rend compte de la région où les parties de l'orchestre s'évertuent : c'est à Bezannes, c'est à Tinqueux. A la longue, on est abasourdi, on a la tête en compote, le cœur bat à coups pesants ; puis, tout d'un coup, l'on tombe endormi pour une minute ou un quart d'heure, et l'on se réveille en sursaut au hurlement inédit d'une batterie qui s'est déplacée.

De temps à autre, l'un de nous monte au premier et regarde entre les lames des persiennes. Il pleut. A quelques mètres de la maison, une batterie allemande est en position le long du canal : les canons sont plus courts que les nôtres et de couleur moins foncée, plus jaune. Les caissons de munitions, ouverts, sont à côté des pièces et montrent des obus rangés. Les canonniers, tranquilles, attendent dans leurs manteaux trempés de pluie. Les chevaux ont été dételés ; ils sont dissimulés dans les chantiers et gardés derrière des tas de planches et d'autres matériaux. Sur la chaussée, en arrière de la batterie, fonctionne une cuisine roulante, à la suite de laquelle sont de grands fourgons. Les cuisiniers, fusil en bandouillère, munis, qui d'un couteau, qui d'une cuiller à pot, épluchent les légumes, goûtent au frichti, tout en chantonnant et sans se montrer soucieux d'autre chose que de la pluie, capable de compromettre le mijotement de leur popote. Des sections d'infanterie passent en ordre, en chantant, conduites par des officiers montés, dont les caoutchoucs reluisent. A tout moment, des autos de chefs casqués, roides, engoncés, filent en éclaboussant tout de toute l'eau stagnant sur le pavé inégal.

Au début de l'après-midi, tandis qu'entre deux ondées, un rayon de soleil se montre et que la canonnade s'est ralentie, madame X... s'aventure dans la cour, où le père Jude est apparu effaré, ne sachant, dit-il, comment tourne la bataille. Elle va ensuite ouvrir la porte donnant sur la chaussée; Nelly et moi l'accompagnons. La porte ouverte, nous nous trouvons en présence d'un long sous-officier d'infanterie adossé au mur du jardin, près des hommes de sa section. Dès qu'il nous voit, ce Prussien d'aspect féroce amène un sourire sur sa face rouge gris et demande, dans un français assez clair, des allumettes pour son cigare. Il s'inquiète de savoir si nous avons peur du canon. Nous le questionnons. Des péripéties de la bataille, ce soudard non plus ne sait rien ou ne veut rien dire, et, comme nous faisons observer que le fait de se battre aux portes de Reims prouve un recul des armées impériales, il répond avec conviction que l'Allemagne peut subir de temps à autre un échec, mais que l'issue de la guerre favorable à ses armes n'est point douteuse. Toutes les puissances du globe coalisées ne pourraient terrasser sa patrie, conclut-il.

La bataille reprend, plus acharnée. L'on entend à présent le crépitement des mitrailleuses sous le tonnerre de plus en plus éclatant du canon. Les batteries ne dialoguent plus; elles parlent toutes ensemble, entremêlent leurs voix, qui rugissent dans un infernal corps à corps. Affalée dans un fauteuil bas, notre bonne hôtesse a laissé son tricot; elle est très rouge, ses paupières sont baissées et ses mains sont croisées sur ses genoux. « Mes amis, murmure-t-elle, pour la première fois de ma vie, je crois, je ne suis pas rassurée. » A ce moment, des pas rythmés résonnent sur le pavé et des chants s'élèvent parmi le tintamarre de l'artillerie. Du premier étage, où je suis montée, je distingue une colonne d'infanterie se dirigeant en hâte du côté de Fléchambault. Mon mari, tout ému, m'a rejointe. Je le regarde; il répond à ma muette interrogation : « Ces troupes semblent battre en retraite les Français ne sont pas loin. »

Vers six heures, un répit se produit. Nous en profitons pour jeter un coup d'œil dehors. La batterie d'artillerie d'en face, avec ses caissons et tout ce qui l'accompagnait, file au grand galop dans la même direction que tout à l'heure l'infanterie. « Où vont-ils de ce train? » nous demandons-nous en réintégrant notre abri. Nous nous sommes à peine posé cette question, quand retentit un fracas inouï, comme si mille orages déchaînaient à la fois leur tonnerre. Il nous semble que c'est là, dans la cour. La décharge a été si subite, si furieuse, que nous nous sommes jetés dans les bras les uns des autres, en nous écriant : « C'est la bataille dans les rues! » Pourtant, le vacarme ne dure pas. Au bout de quelques minutes, le canon se tait. Il reprend, moins proche, en accents pleins, détachés et comme joyeux. « Ce sont les nôtres », pensons-nous. Les autres ne répondent plus. Notre cœur, opprimé par l'angoisse, se dilate maintenant d'espoir ; le sourire nous vient aux lèvres. Nous entendons défiler rapidement, sous une pluie diluvienne, l'armée allemande avec son matériel, remontant vers l'est. A présent, il fait trop noir pour voir ce qui se passe dans la rue ; mais... nous entendons. Leur pas s'accélère.

A deux heures du matin, ils passent, passent encore, courant cette fois et proférant d'une voix assourdie leurs *weicht! weicht!* haletants. Sur leur flanc galopent des équipages de toutes sonorités et des cavaliers. L'averse crépite sur les casques, sur les véhicules, sur les armes. Enfin tous les bruits s'apaisent et l'on ne perçoit plus que celui de la pluie tombant en douches sur le pavé et sur les toits, sur les matériaux du port, sur les platanes de la chaussée.

Dimanche 13 septembre.

« Maman, c'est nous ! » Il est cinq heures à peine, lorsque cette exclamation est lancée de la rue par une voix juvénile qui se retient, comme si elle craignait d'éveiller des dormeurs. « Vive la France! vive l'armée! » Battements de mains, cris de joie dans la chambre à côté, et aussitôt, derrière la porte secouée de la nôtre, la voix pressante de Nelly : « Mon oncle, ma tante, les Français! »

Sans prendre le temps de me vêtir, je cours dans l'appartement de madame X..., contigu à celui de ma nièce. Toutes deux, en toilette de nuit, sont à la fenêtre ouverte et elles acclament, en le suivant des yeux sur le port, le petit pioupiou qui vient de si gaiement saluer notre amie au moment où elle entr'ouvrait ses persiennes pour scruter le silence du dehors. Et nous voici toutes les trois riant, pleurant, nous embrassant. Nous étouffons de joie, tout en grelottant, car la brise est plus que fraîche. Dans le ciel délavé, de gros nuages palpitent comme des seins lourds de sanglots retenus.

A grands gestes d'appel, notre hôtesse fait signe au troupier. Elle voudrait le fêter, le régaler. Mais lui, muet et souriant, fait non! de la tête et indique qu'il a une mission à remplir. Il porte son fusil à la façon d'un chasseur prêt à tirer le gibier, et, dans le chantier d'en face, autour de chaque tas de bois et de briques, il examine avec soin. Un autre soldat — Dieu! qu'ils sont petits et minces et jolis, en comparaison des colosses prussiens — le rejoint, qui vient de visiter des remises à matériaux; et tous deux disparaissent dans une de ces remises. Un coup de fusil retentit, puis un autre, puis un troisième. Les deux soldats français réapparaissent. Entre eux marche un ennemi prisonnier.

Au bruit des détonations, les habitants du voisinage sont sortis. Remy, le garde des chantiers où s'est effectuée la capture, s'élance; il sort bientôt de la remise pour nous faire connaître qu'il y a là un Allemand tué. Sans doute cet Allemand, au lieu de se rendre, aura déchargé son fusil sur les deux Français, et ceux-ci, sans délai, lui auront fait payer de la vie sa résistance. Arrivent d'autres soldats. Ils explorent avec circonspection les bateaux, les huttes du port. De temps à autre, un coup de fusil... Des patrouilles de chasseurs à cheval et de dragons, par le pont de Vesle, entrent dans Reims. Leurs uniformes mouillés, de couleurs franches, éclatent sous le soleil indécis.

Il est six heures lorsque je sors. La pluie violente de cette nuit a lavé le sol des souillures de l'occupation, et les feuilles des platanes, tombées en grand nombre, en ont voulu cacher les derniers vestiges. Rue Libergier, je vois, entre les ramures éclaircies, Notre-Dame se dresser un peu sombre, brillante pourtant aux angles et aux reliefs. On la dirait trempée de larmes, dans son ineffable vêtement de pureté. Au sommet de la tour nord flotte encore le drapeau blanc hissé par ordre de l'envahisseur. Place du Parvis, sur le terre-plein même de la cathédrale et masquant le grand portail, une immense automobile à gradins a été abandonnée par l'ennemi. Des bidons à pétrole, des chaises renversées, des échelles, des outils gisent autour. Aux abords de la *Jeanne d'Arc* de Paul Dubois, les torrents d'eau tombés du ciel n'ont pas réussi à effacer les traces du campement d'occupation, ni à dissiper l'odeur allemande; la paille mouillée s'est amassée en lignes brisées, tels sur une plage des varechs après le ressac, et, ainsi que des épaves, des morceaux d'équipement, des harnais, des ustensiles s'y mêlent.

J'entre à la cathédrale par la porte latérale nord. Entrée, je vois avec étonnement, à ma droite, de hautes tentures de toile clouées sur des châssis, séparant du chœur la nef et les bas côtés. Contre la grille du chœur les chaises sont amoncelées. De même que la veille du bombardement, des messes sont célébrées à tous les autels; mais aujourd'hui, il y a peu de fidèles. Des taches multicolores de lumière, tombées des vitraux, tremblent sur les dalles et se tordent.

L'office terminé, je me dirige vers le Port par la rue Libergier, encore vide de passants. J'oblique à droite, dans le dessein de lire la proclamation d'hier affichée par les Allemands et dont on m'a dit la cruauté (1). L'affiche lue, je reviens sur mes pas, frémissante d'indignation.

(1) En voici le texte exact, d'un français moins mauvais que celui des proclamations rédigées uniquement par l'ennemi; le passage en italique était tel sur l'affiche :

« Dans le cas où un combat serait livré aujourd'hui ou très prochainement aux environs de Reims ou dans la Ville même, les habitants sont avisés qu'ils devront se tenir absolument calmes et n'essayer en aucune manière de prendre part à la bataille. Ils ne doivent tenter d'attaquer ni des soldats isolés ni des détachements de l'armée allemande. Il est formellement interdit d'élever des barricades ou de dépaver des rues de façon à ne pas gêner les mouvements des troupes, en un mot de n'entreprendre quoi que ce soit qui puisse être nuisible à l'armée allemande.

» *Afin d'assurer suffisamment la sécurité des troupes, et afin de répondre du calme de la population de Reims, les personnes nommées ci-après ont été prises en otages par le commandement général de l'armée allemande. Ces otages seront pendus à la moindre tentative de désordre. De même, la ville sera entièrement ou partiellement brûlée et les habitants pendus, si une infraction quelconque est commise aux prescriptions précédentes.*

» Par contre, si la ville se tient absolument tranquille et calme, les otages et les habitants seront pris sous la sauvegarde de l'armée allemande.

» Par Ordre de l'autorité allemande,

» Le maire, Dr Langlet.

» Reims, le 12 septembre 1914. »

[Suit la liste des otages : quatre-vingt-un noms].

Chaussée du Port, je me trouve entre deux rassemblements vers quoi la foule se précipite; l'un se tient au bas de la rue Payen, l'autre au bas de la rue du Jard. Je me porte vers ce dernier et le joins au moment où une centaine d'Allemands, faits prisonniers par une escouade de soldats français, jettent à terre leurs casques, leurs armes, leurs sacs, leurs cartouchières. Ils ont été découverts dans les hangars d'une maison de commerce et se sont rendus aussitôt. Quand on les a rassemblés, ils étaient assez piteux; mais, dès qu'ils sont débarrassés de leur équipement, leurs traits se détendent; ils sourient, et c'est comme déchargés d'un poids immense qu'ils se mettent docilement en marche au commandement. A peine le dernier rang a-t-il avancé, que les curieux se disputent les trophées à terre.

A la maison, madame X..., aidée de Nelly, tient buvette à la fenêtre de la salle à manger. Elle verse aux patrouilleurs des liqueurs et du vin. Quelques-uns des soldats acceptent; la plupart préféreraient du café, du pain ou quoi que ce soit à manger. Ils disent n'avoir point touché de vivres depuis le commencement de la bataille, depuis sept jours, et s'être soutenus en mangeant des fruits et des légumes crus trouvés dans les champs. Nous leur distribuons ce que nous possédons de pain, des biscuits, du chocolat, des bonbons même, en un mot tout le contenu des buffets.

Rien ne ressemble moins à une armée victorieuse qu'une autre armée victorieuse. En regard de l'opulence et du confort de celle qui vient de s'enfuir, contraste le dénuement de celle qui, soutenue par une force surnaturelle, a mis l'autre en fuite. La santé et le luxe étalés complaisamment par l'orgueilleuse, par la voleuse, font ressortir de pathétique façon la sainte misère de celle dont le but est avouable, de celle qui, devant Paris, vient de lever son glaive d'archange en disant à l'ennemi : « Tu ne passeras pas ! » Hirsutes, hâves, épuisés de fatigue et de privations, uniformes déchirés et fanés, les vainqueurs d'aujourd'hui ne cherchent point à en imposer. Et pourtant quelle joie, quelle fête les accueillent !

Entre onze heures et midi, quand les régiments de Franchet d'Espérey pénètrent en masse dans la ville, la population se porte au devant d'eux. Les femmes les couvrent de fleurs, leur distribuent du vin, des gâteaux, toutes sortes de douceurs. L'allégresse est d'une intensité inimaginable, et, avec la rapidité d'une onde électrique, elle gagne toutes les âmes. Les cloches sonnent à grande volée. On acclame les officiers et les soldats, on leur serre les mains, on les embrasse ; on les porterait en triomphe, s'ils n'étaient si nombreux. On est pâle d'émotion joyeuse ; on rit, on pleure, on crie, on donne n'importe quoi, on a besoin de donner. Les hommes vident leurs poches et tendent aux bienvenus argent et tout. Ainsi la ville de Reims, que les fuyards d'hier ont cru tarir jusqu'au sang, retrouve en elle des sucs bienfaisants à dispenser aux fils de la patrie.

A midi, Pierre, qui ce matin est allé de son côté dans la ville, nous fait part du récit singulier d'un jeune prêtre emmené comme otage la nuit dernière. Dès son retour dans Reims, cet abbé, étant monté au sommet de la tour nord de la cathédrale afin de remplacer le drapeau blanc par le drapeau tricolore, a découvert là haut, à son grand étonnement, des bidons de pétrole.

Nous prolongeons le repas dans un échange cordial d'impressions. Des soldats entrent et demandent du pain. Ce qui est sur la table est à leur disposition. Nous leur versons du champagne, du café. Ce sont des Parisiens. Ils répondent volontiers à nos questions coucernant la bataille. De leurs récits diffus, incomplets, nous retenons les noms de Montmirail, Sézanne, Esternay, Sommesous, Saint-Gond. Ils cherchent à nous représenter les combats, les Allemands culbutés, foudroyés, enlisés dans les marais. De l'opération stratégique ayant permis à l'armée française, en retraite depuis Charleroi, de reprendre l'offensive, ils ignorent tout. Ces soldats, commis ou bureaucrates il y a deux mois, me paraissent, par le sentiment qu'ils ont du rôle rempli aujourd'hui, s'être abstraits des soucis et des vanités de la vie ordinaire pour délibérément communier dans le réveil de l'idéal qui sommeillait au fond de la conscience et de la race françaises. Mon mari les interroge à ce propos. Non seulement ils sont affirmatifs en ce qui les concerne, mais encore ils nous dévoilent que la généralité de leurs camarades a été, de même qu'eux, ressuscitée et portée vers un surnaturel religieux prenant son point d'appui dans une somme de faits dont l'étonnante coïncidence a produit l'inattendue victoire (1).

(1) Il est possible qu'à la distance de Paris où l'armée alle-

L'après-midi, l'artillerie française stationne, défilée le long des trottoirs, aux places mêmes où, hier matin, stationnaient les canons des Allemands. Les artilleurs, accablés de fatigue, sommeillent ou causent, affaissés sur leurs sièges ou assis sur le bord des trottoirs, sur le seuil des boutiques. Aucun cependant n'a l'air découragé; bien au contraire. Par ci, par là, je saisis des bouts de phrases : « Nous avions assez reculé... Il était temps qu'on nous fasse avancer... Si les chefs avaient fait continuer la retraite, je crois qu'on aurait fichu le camp... » Sous les fenêtres somptueusement pavoisées, les caissons, les canons sont couverts de fleurs; la chaussée en est jonchée, comme jadis aux processions de la Fête-Dieu; les chevaux en ont aux oreillères, aux selles déchirées, aux harnais rattachés par de la corde. Ces chevaux, d'une maigreur de squelettes, sont tatoués de plaies et

mande était parvenue, son état-major ait, sans en être troublé, aperçu, au moyen de puissantes jumelles, les tours blanches et les coupoles de Montmartre. Il n'en demeure pas moins que cet état-major, si sûr de son plan et de la force de ses armes, hésita, inquiété par des apparences, et cela juste au moment où l'un des chefs de l'armée française recevait l'inspiration de foncer sur l'ennemi sans attendre le délai prévu par le plan général de notre haut commandement. Il y a aussi la coïncidence de cette pluie torrentielle transformant les marais de Saint-Gond en sépulcre pour la garde prussienne, qui venait de les traverser à pied sec.

portent d'horribles ulcères aux sabots. Pauvres bêtes ! Leur faim est telle, que, la petite ration d'avoine dévorée dans leurs musettes, ils grattent du pied le crottin des chevaux les précédant et mangent les grains non digérés qu'ils y trouvent. Au milieu de la chaussée, entre les deux files d'artillerie, un colonel s'avance à cheval, suivi de son ordonnance qui disparait sous les fleurs. Un officier, commandant de batterie je crois, dont le visage est sévère, pénètre dans un magasin, en ressort tenant une chaise et va s'asseoir près d'un canon ; ses traits sont altérés ; il appuie son front sur ses bras réunis sur ses genoux.

Comme j'arrive au pied de Notre-Dame, le bruit d'un éclatement d'obus m'arrête anxieuse. Des passants me disent que cela vient des batteries allemandes couvrant la retraite et qu'il n'y a pas lieu de s'alarmer.

La cathédrale, ou du moins la partie de la cathédrale où l'on peut pénétrer, est pleine de fidèles. C'est aujourd'hui, au chœur, la solennité de la Nativité de la Vierge Marie. L'office prophétique de joie et de triomphe est commencé. Les assistants sont pour la plupart de petites gens. Quelques-uns ont trouvé dans des sièges la chapelle du cardinal ; les autres sont debout et piétinent sur les dalles boueuses, dans le transept et la chapelle de la Sainte Vierge. Tous unissent leurs voix à celle des chantres entonnant le chant grégorien. Les premiers arrivés sont agenouillés sur les marches et contre la grille même du chœur. Derrière eux, la foule debout devient de plus en plus dense. A tout moment, des soldats entrent, sac au dos et fusil aux mains, des soldats sales, déguenillés, affreux, sublimes. Leurs visages ravagés disent leurs souffrances; les yeux hagards conservent la vision du carnage. L'on s'écarte devant eux avec respect, afin de leur permettre d'approcher l'autel. Chacun voudrait leur dire combien on les aime, et qu'on prie pour eux et qu'on les réunit tous, connus et inconnus, dans un sentiment d'infinie tendresse et de complète gratitude. Eux restent là immobiles durant quelques minutes, appuyés sur leur arme, le dos courbé par le poids du sac, le regard fixé sur le tabernacle illuminé. Ils font un signe de croix, et s'en vont.

Des officiers entrent également, des jeunes, des vieux. Ils semblent aussi fatigués que les soldats; le souci bouscule leurs figures amaigries. Ils se découvrent : la raie du képi tranche le masque en deux couleurs, et l'on voit sur le front pâle des rides en croix. Prient-ils? Je voudrais savoir ce qui se passe dans leur âme. Mais leur présence en ce lieu, celle des soldats comme celle des chefs, leur station parmi ces pierres sacrées, édifiées à la gloire de Celle « dont le pied virginal a écrasé la tête du serpent », ne constituent-elles pas la plus haute et la plus puissante des oraisons? Ne sont-ils pas, eux aussi, eux surtout, en ce moment, les pierres vivantes de cet hymne d'architecture : charité, dévouement, abnégation, sacrifice? La minute de muette présence d'une seule de ces vivantes oblations, créées à l'image de l'Hostie parfaite, n'équivaut-elle point, ne dépasse-t-elle pas en mérites l'hommage de toute une cité prosternée?

Soudain,

Comme un coup de fusil, après les vêpres,

le *Magnificat* éclate. Les assistants reprennen les versets à plein cœur. C'est de l'allégresse jaillissante : «... *Il a déployé la force de son bras, il a dissipé les desseins que les superbes forment dans leurs cœurs; il a renversé les grands de leurs trônes, il a élevé les humbles...* » Voici que, précédé d'un bedeau et se dirigeant vers la sacristie sud, un fantassin, petit, voûté, monte les marches du chœur et le traverse au pied même du maître-autel. Il est indescriptiblement boueux et misérable, ployé sous l'équipement et par un fardeau plus lourd encore de chagrin ou d'humilité. De sa tête inclinée sur sa poitrine on ne distingue qu'une brouissaille fauve; ses épaules sont secouées comme s'il pleurait. Il marche rapidement. Arrivé au milieu du chœur, tandis que le sacristain met genou en terre devant le Saint-Sacrement, le soldat fait brusquement face au tabernacle et, le front obstinément baissé, détache son fusil de son épaule et l'élève à deux mains dans le mouvement de présentation.

« *Salve, Regina, mater misericordiæ, vita, dulcedo et spes nostra, salve. Ad te clamamus...* » Ainsi chante l'antienne terminale au moment où une détonation énorme vient ébranler les voûtes et faire tressauter l'assistance. Pourtant, personne ne s'en va. On attend le *Te Deum.*

Ah! ce *Te Deum* sous les bombes, ce cantique d'actions de grâces que scandent, à intervalles réguliers, les criminels éclatements! Ah! la stupeur de la foule, la voix des chantres se hâtant qui se met à trembler, le *Te Deum* triomphal se muant en sanglots! « *Ayez pitié de nous, Seigneur, ayez pitié de nous* », grelotte enfin le choral au milieu d'un formidable tonnerre. Et, aussitôt le dernier verset murmuré, verset d'espoir et de confiance, le *Tantum ergo* jette la foule à genoux. « *Que l'ancienne loi cède au nouveau rite!* » Baoum, broum, baoum, broum! raille l'infernale clameur. « *Gloire, louange, salut, puissance et amour à Dieu!* » Baoum, broum, baoum, broum! proteste le scientifique mugissement de la violence humaine. Et c'est la dernière bénédiction, la dernière élévation de l'ostensoir. Les fronts touchent la dalle, la sonnette vibre et s'évanouit parmi l'écho sinistre du bombardement. Puis les fidèles se pressent vers la sortie, tandis que l'Eglise catholique, dominant les passions du monde, et pour laquelle n'existent ni la crainte de la mort ni l'angoisse de la peur, insiste en sa liturgie avec l'orgue : « *Peuples, louez Dieu avec joie* », et termine, selon le rite établi depuis sa fondation, la fête de Celle qui est bénie entre toutes les femmes.

Poussée par la hâte des sortants contre les tentures de toile isolant la nef, je regarde par les interstices et je vois le sol couvert de paille. Je demande à des personnes voisines le pourquoi de cela. Il m'est répondu que pendant la bataille, hier, par ordre de l'autorité allemande, cette paille a été amenée pour servir de couche aux blessés qu'on allait transporter ici. Je ne suis pas encore sortie de la cathédrale, que je sais, ou que je crois savoir, à quoi m'en tenir sur le bombardement venu troubler si inopportunément la cérémonie. Il s'agit, se dit-on de l'un à l'autre, d'obus dirigés sur les faubourgs Cérès et de Laon, où l'artillerie française met ses canons en batterie. On se figure et on répète que tout va bien, que ce que l'on entend, ce sont les derniers râles du monstre expirant. Je me ravise alors et reste dans la cathédrale.

Si la foule est sortie, le clergé est demeuré. Il est allé aux sacristies pour seulement y déposer les ornements sacerdotaux. Un à un, calmement, les prélats du chapitre reviennent au chœur, revêtus de la longue cape épiscopale, et se placent par ordre de préséance ; les dignitaires les plus âgés, tout chenus, sont les plus près de l'autel. Un chanoine, agenouillé devant le tabernacle, commence le chapelet; les autres, dans les stalles, gravement lui répondent, accompagnés par la voix des quelques fidèles demeurés. Le fastueux luminaire est éteint. Seuls, deux gros cierges pascals et les veilleuses étoilent l'ombre du sanctuaire. Comme la mélopée cadencée et monotone d'une source, le chapelet se déroule, laudatif et suppliant : c'est l'âme catholique s'exhalant vers la Vierge. La canonnade terriblement l'accompagne. Mais rien ne saurait interrompre ni même hâter le récitatif. L'heure de la mort peut sonner : ce sera faveur et bonheur de la recevoir dans cette maison de Dieu, où Notre Dame viendra certainement cueillir les âmes des pauvres pécheurs en instance auprès d'elle. Lorsque le dernier *Ave* est envolé, le plus âgé des chanoines se lève et, de sa voix cassée, annonce qu'il va réciter le *De profundis* pour ceux qui sont morts. Cette voix chevrotante, et pourtant soutenue, m'évoque la multitude descendue à l'abîme depuis le péché de l'ancêtre, depuis que la science a fait naître la douleur. Je pense à ceux que nous avons connus, que nous avons aimés; à ceux, frères du Christ, qui, dernièrement, hier, sont tombés pour nous et qui peut-être étaient fils de coupables, par eux ainsi rachetés; à ceux que nous n'avons point connus et desquels nous sommes issus à travers l'obscurité des âges; à ceux qui ont prié en ce lieu, à cette place, aux jours de joie et aux jours sombres, quand les cloches carillonnaient le baptême et le sacre des Rois, ou sonnaient le toscin des catastrophes. Et je réfléchis que jamais, depuis le déluge, catastrophe n'a égalé celle qui dépeuple aujourd'hui la terre... Ma méditation est interrompue par les anges de l'horloge du chœur frappant quatre coups. Je dois m'en aller.

Rue de Vesle, où l'artillerie stationne encore, je revois le commandant à la chaise assis à la même place, dans la même attitude. Dort-il? Songe-t-il? Quel abattement, quel cauchemar prostre cet homme? Les passants le regardent avec intérêt. On voudrait le consoler, le soulager; mais on n'osera jamais interrompre sa solitude.

Près du pont, je rencontre Nelly et sa fillette. Ma nièce désire voir les troupes, parmi lesquelles se trouvent, lui a-t-on dit, des compagnies du régiment de son mari. Nous remontons lentement jusqu'à la place Royale, avec l'intention de pousser plus loin. Mais Hélène, bousculée sur le trottoir, se met tout à coup à pleurer, ce qui nous oblige à reprendre le chemin de la maison par la rue Libergier absolument calme. La canonnade devient si intense, mêlée au crépitement des mitrailleuses, que je me figure la bataille livrée dans les rues. Une dame apparaît à sa fenêtre. Autant pour chercher refuge que pour m'informer, je cours vers elle et lui demande si elle sait ce qui se passe.

. . . .

. . . .

. . . . Nous reprenons notre marche, moi très inquiète. Chaussée du Port, Nelly me fait remarquer cinq ou six avions planant à une si grande hauteur que les yeux, avant de les apercevoir, doivent se familiariser avec l'altitude. Des flocons blancs, des flocons gris entourent par instants les aéroplanes et restent suspendus sous les nuées, pareils à de grosses houppes à poudre de riz dont le duvet s'échapperait.

Lundi 14 septembre.

Penchés sur une carte routière et prenant comme base le chemin parcouru par l'armée française depuis une semaine, nous calculons combien de temps il faudra avant que l'arrondissement de Vouziers soit libéré. Car, en ce moment, nous ne voyons aucune raison pour que s'arrête la retraite des Allemands. D'après nos calculs, dans cinq ou six jours Nelly et sa fillette pourront regagner Roche.

Ces calculs reçoivent l'approbation de notre hôtesse qui, depuis la reprise de Reims, exulte... Baoum, patatras, baoum, flac, patatras! interviennent les obus avec une violence rappelant le bombardement du 4 septembre. « Bien, bien, fait notre amie. La bonne besogne de nos artilleurs! C'est la fin de la bataille! » La domestique affolée, ne pouvant supporter d'être seule à la cuisine, accourt dans la salle à manger se mettre sous notre égide. Les obus, tantôt proches, tantôt plus éloignés, pleuvent. Pierre et moi sommes consternés. Nous pensons avec terreur à une contre-attaque des Allemands retranchés dans les forts, et nous craignons que l'armée française soit submergée et Reims de nouveau sous la botte de l'ennemi. Cette fois, sans doute, ce serait horrible. « Laissez-donc ces craintes, reprend notre aimable hôtesse. Ce sont les nôtres qui délogent la vilaine engeance des forts où elle s'est cachée. Elle ne saurait être longtemps sans prendre ses jambes à son cou et fuir devant nos soldats. » Et, jusqu'à onze heures, les obus continuent de tomber sur la ville.

Terron et Remy viennent nous apprendre que l'hôtel de ville, où se trouvait un état-major français, a été ce matin particulièrement visé. Le palais municipal, à part le bris des vitres et l'écornure de pierres, n'a pas été endommagé; mais un colonel d'état-major a été tué sur la place, et, ailleurs, des civils et des militaires ont été mortellement ou grièvement atteints. Dans les rues environnant l'hôtel de ville, des maisons sont détruites. Il y a autant de dégâts matériels que le 4 septembre.

Après le déjeuner, la curiosité pousse les habitants à aller constater de leurs yeux les effets de ce nouveau bombardement. Mon mari aussi sort, tout en nous engageant à ne pas quitter la maison. Peu après sa sortie, des notables du voisinage arrivent triomphalement annoncer que le danger est conjuré, que les forts sont repris et les Allemands en fuite. Ils ajoutent que les Anglais arrivent. Madame X..., ayant à s'entretenir avec les locataires d'un de ses immeubles atteint légèrement l'autre jour, nous demande, à Nelly et à moi, si nous l'accompagnerons. Confiantes dans les assurances de ces messieurs, nous acquiesçons avec empressement et prenons avec nous la petite Hélène.

Les gens chez qui nous allons sont des commerçants aisés auxquels la crainte du Teuton avait, il y a un mois, conseillé de quitter la ville en auto. Ils ont, depuis le commencement de la bataille de la Marne, roulé dans le sillage de l'armée française, et, rentrés ce matin, il se montrent fort satisfaits de leur excursion. Ils ont bien vu les champs de bataille, les fossés remplis de soldats culbutés, les moyettes d'avoine derrière chacune desquelles un tireur est à genoux pour l'éternité. Mais ils ont passé vite, préoccupés surtout de trouver dans les hôtelleries un gîte convenable. Si bien que les visions de guerre et de route hantent modérément leur souvenir. Du magasin tenu par ces touristes, notre amie nous entraîne vers une autre de ses propriétés, vers une deuxième, vers une troisième, vers une quatrième, à peu près intactes parmi d'autres maisons très endommagées. Devant l'hôtel de ville, une couche de paille dissimule la mare de sang provenant de chevaux écrasés là par un obus.

L'atmosphère est grincheuse et le soleil maussade. Le bombardement a repris, mais le vent contraire assourdit les détonations.

Après maints arrêts, nous voici vers quatre

heures place Royale, siège de réunions populaires. On se perd en conjectures sur l'évacuation des forts. Je m'ennuie tellement et j'ai tant le désir de rentrer à la maison, que je ne prête aucune attention aux colloques retenant l'intérêt de mes compagnes. Sur cette place dans les maisons de laquelle trônait naguère le luxe commercial de la cité, place aujourd'hui dévastée, démolie, ruinée, occupée par des batteries d'artillerie d'une tragique inactivité, j'ai le pressentiment d'un malheur certain, dépassant la mesure du malheur accompli et qui, suspendu au-dessus de la ville, au-dessus des habitants, au-dessus de moi-même, va, d'un instant à l'autre, inéluctablement s'abattre.

Je ne sais comment je me retrouve, avec mes nièces et madame X..., à l'entrée de la rue Cérès barrée d'une corde, gardée par deux factionnaires et des cavaliers. Malgré nos implorations, madame X... s'apprête à soulever la corde pour franchir le barrage. L'un des factionnaires intervient et croise la baïonnette sur elle. Comme notre amie s'exclame et réclame une explication, un des cavaliers, du haut de sa monture, tout en désignant le faubourg, laisse tomber ces mots : « On bombarde là-bas! » Je dis alors à mes compagnes que j'ai froid, et, les laissant en arrière, je regagne à grands pas la chaussée du Port.

A la maison, où Pierre m'attendait avec impatience, la police est venue donner l'ordre de ne laisser ce soir aucune lumière filtrer au dehors. Reims, évidemment et en dépit des assertions des notables, doit s'attendre à tout.

Mardi 15 septembre.

La matinée est grise et triste. Je sors pour aller acheter des provisions presque introuvables. Une boutiquière de la rue de Vesle me confie que dimanche soir un officier, félicité par elle au sujet de la rentrée de l'armée française à Reims, a répondu : « Au point de vue militaire, oui, réjouissez-vous; mais, croyez-moi, c'est un grand malheur pour la ville et pour vous, habitants, que nous soyons ici. » Des explosions dans le brouillard me prouvent en effet l'implacable dessein de l'ennemi.

En rentrant, je trouve notre hôtesse s'activant à un ouvrage de couture. Nelly, près d'elle, coud aussi. Pierre est sorti. Souvent, madame X... interrompt son travail pour ouvrir la fenêtre donnant sur la chaussée et causer avec des passants. Elle est si diligente, que malgré cela sa couture avance et vite et bien. J'essaie moi-même de travailler et de prendre part à la conversation : mes doigts agités ne parviennent pas à suivre le tracé dans la batiste et, quand je veux parler, les mots s'éteignent entre mes dents claquantes. Les obus, l'un après l'autre, tombent méthodiquement, sans hâte. Je m'attends sans cesse à voir apparaître le corps défiguré de mon mari porté sur un brancard.

Midi. Dieu soit loué! Pierre arrive sain et sauf. Mais il est nerveux et inquiet. Au cours du déjeûner, entre lui et madame X... s'engage une discussion sur ce qui se passe autour de Reims. Elle, d'après les dires des notables, prétend qu'aujourd'hui est le dernier jour du bombardement. Lui, logique en tête et plan en main, démontre que l'ennemi a trouvé dans les forts et sur les hauteurs des positions trop avantageuses, et qu'il sait utiliser, pour les abandonner de sitôt. Comme pour confirmer ses prévisions, on vient nous annoncer que les habitants du quartier Cérès, parmi lesquels se multiplient les victimes, ont été invités par l'autorité militaire à se rabattre désormais vers le sud-ouest, dans le faubourg de Paris, moins visé et pas encore atteint. Le voisin Remy lui-même a cru prudent d'aller ce matin, avec sa famille, dans les terrains de Clairmarais attendre la cessation ou l'accalmie de la torture infligée à la ville.

Un bruit de querelle nous arrive de la cuisine, et presqu'aussitôt apparaît dans la salle à manger un fantasque personnage à la démarche oblique et sautillante, aux membres grêles, à la tête faunesque, oreille pointue, nez caprin, regard vague dans l'orbite tirée. Grimaçant et hilare, ceint d'une banne bleue de jardinier, il s'avance, portant devant lui à pleins bras une énorme gerbe de fleurs et de pampres, qu'il dépose aux pieds de notre amie. Mon mari le désigne sous le nom de chèvre-pied ; en réalité il s'appelle Sylvain. Après avoir déposé ses fleurs, en un langage volubile, saccadé, incohérent, semé d'images et d'expressions aussi bizarres que sa personne et s'accordant du reste bien à elle, il raconte les faits survenus dans son quartier Cérès, incendies, effondrements, morts, blessures, enterrements, réquisitions, évacuations, etc. Je retiens seulement de ses propos ceci, qu'au su du commandement français les Allemands ont emmené avec eux au fort de Brimont deux cents prisonniers et que la présence de ceux-ci protège le fort contre notre artillerie. Lorsqu'il a fini de parler, sans attendre réponse ni question, il s'éclipse, rapide comme Pan lui-même, à travers le jardin. « Hé! Sylvain, Sylvain, crie notre hôtesse, attendez donc, j'ai du travail à vous donner. » Elle enjambe les bégonias pourpres et les fleurs de soleil gisant sur le tapis, et tâche à rattraper son jardinier. Le rejoindra-t-elle? Oui, car la voix de sonnailles tinte de nouveau dans les environs.

L'après-midi, mon mari nous emmène, Hélène, Nelly et moi, dans l'avenue de Paris, du côté de la Haubette. Nous ne nous aventurons pas très loin dans ces parages. Le faubourg est sale et laid, et il fait froid. Cependant nous regardons les maisons incendiées par les Allemands, l'avant-veille de leur départ : elles dressent vers le ciel leurs murailles calcinées. Il y a, çà et là, des rassemblements de troupes. De l'intérieur d'habitations lépreuses s'échappent les éclats d'une gaieté incongrue. A la porte fermée d'une boulangerie, des femmes et des enfants font queue. Les cabarets regorgent de militaires e' de civils qui ne boivent ni ne fument, car il n'y a plus rien à boire ni à fumer, ni même à manger, et qui se contentent de converser avec animation.

De retour, nous trouvons madame X... fort occupée à essuyer et à remettre en place les objets précieux qu'elle avait, voilà quatorze jours, dissimulés dans sa cave. Pendant notre absence, Sylvain a remonté les caisses. Notre amie, aidée de sa servante, les vide, sans s'alarmer le moins du monde de la déflagration des obus sur la ville. Un rayon du soleil couchant, écartant les nuages teintés de rose, se fraye un passage dans l'appartement et sourit à cette scène.

Après le dîner, des voisins viennent frapper aux volets et, à demi-voix, nous invitent à venir regarder dehors. La nuit est épaisse et la ville plongée dans l'obscurité. On nous montre le nord et l'est : c'est un immense brasier. Nous sommes à ce moment sur la chaussée. Une patrouille d'infanterie passe, qui, avec civilité, ordonne aux causeurs groupés de rentrer chacun chez soi, recommande d'éteindre les feux et de fermer les compteurs à lumière; puis elle poursuit son chemin dans la nuit, sans répondre aux questions.

Faut-il se mettre au lit? Ici, contre l'habitation, ce sont des magasins en bois et des chantiers à ciel ouvert remplis de planches de sapin. Qu'un obus tombe dessus, moins : qu'un simple éclat, une flammèche les atteignent, l'incendie se propagera aussitôt avec une rapidité qu'aucun secours ne pourra endiguer, et nous serons entourés de flammes. Cela pourrait se produire pendant la nuit : personne dans la maison ne s'en apercevrait à temps. Notre hôtesse, bravant le danger, dort en paix; la bonne a le sommeil dur; Nelly et Hélène se reposent sur nous du soin d'assurer leur sécurité. Mais alors, ce serait l'asphyxie, le bûcher, la mort atroce pour tous! Je ne me coucherai pas avant deux ou trois heures du matin. D'ici là, mon mari, tranquillisé par ma veille, se reposera et il me remplacera lorsque, à mon tour, je m'étendrai.

Mercredi, 16 septembre.

Tête lourde et joues rentrées, vers huit heures nous descendons. Au petit déjeuner, la discussion recommence à propos de la résistance des forts. Notre bonne hôtesse soutient, d'après des on-dit, qu'une pièce de marine anglaise en aura raison aujourd'hui même. En fait, on ne sait rien : Reims est toujours isolé du reste de la terre. Les vivres y deviennent de plus en plus rares, les fermes de la banlieue sud non pillées par les Allemands restant seules à fournir quelque ravitaillement.

Les obus n'ont pas attendu huit heures pour tomber sur la cité. Avec une régularité d'horloge, de dix minutes en dix minutes, ils ont éclaté plus ou moins près de nous. Voici, plus précipitées, quatre détonations effroyables. Pierre, qui était dans le voisinage, rentre et nous ordonne, à Nelly et à moi, de vite nous apprêter pour aller, comme les autres, chercher abri dans les champs, hors de la zone de feu.

Pendant que nous habillons Hélène, on nous informe que les obus venant de faire si grand tapage sont tombés au cadran Saint-Pierre, rue Chabaud et dans d'autres rues avoisinantes, faisant beaucoup de victimes. Les habitants du centre de la ville passent nombreux, porteurs de provisions. Leur mine est celle de gens qui ont passé la nuit debout. Couverts de paletots et de fichus, ils vont vers le sud. Nous les suivons.

Après avoir passé la porte de Paris et longé

l'avenue du même nom, non loin de l'auberge du pont de Muire, je m'arrête, hypnotisée à la lecture de la plaque indicatrice des deux routes conduisant à Paris, celle par Soissons à droite, celle par Dormans à gauche. Aujourd'hui, défense est faite de s'engager sur la route de Soissons, gardée militairement; nous suivons l'autre. Voici, en contre-bas, une ferme incendiée, dont il reste seulement une grange et des murs noircis. Devant nous et des deux côtés de la route, qui monte avec calme, c'est la pleine campagne, un horizon paisible de champs, de vignes, de bocages.

On visite avec curiosité les tranchées où, samedi dernier, se défendirent les Allemands. Ce sont des sortes de fossés larges d'un mètre, profonds de près de deux, qui étaient presque entièrement recouverts de planches, de portes, de volets, de meubles même, sur lesquels, pour mieux dissimuler, avaient été posées des touffes d'herbe, des tiges de betteraves. Au fond de ces fossés, dans la boue et dans l'eau traînent quantité d'objets hétéroclites, des chaises et surtout des bouteilles vides. Quand nous sommes à quelques pas de ces travaux militaires, nous constatons que leur emplacement a été très habilement choisi : les soldats français s'avançant vers Reims ne pouvaient les apercevoir qu'en arrivant dessus. On nous montre à l'horizon les forts de Montbré et de la Pompelle, repris aux Allemands. Sur notre gauche, se trouve le village des Meneux, d'où fut effectué le bombardement du 4 septembre.

Nous revenons sur nos pas. Le long du chemin, à l'abri de la ferme brûlée et de la guinguette du pont de Muire, dans les cabarets et les auberges de l'avenue de Paris, dans les maisons particulières, sur les bancs de l'avenue et sur le bord des trottoirs, les tristes pélerins du matin ont ouvert leurs paniers à provisions et déjeunent au son ralenti du canon.

A la maison, nous serions heureux de nous reposer un peu ; mais le bombardement nous fait hâter le déjeuner et repartir aussitôt, toujours sans notre hôtesse qui, héroïque, refuse obstinément de quitter le logis et n'admet pas nos appréhensions. A peine dehors, nous nous trouvons avec les Remy, père, mère et quatre enfants, allant comme nous mettre leur vie en sûreté. Nous faisons route ensemble. Au moment de traverser le canal sur une passerelle située à l'extrémité du port, nous avisons un capitaine d'infanterie, lequel, arrêté, bras croisés, regarde avec une anxieuse amertume dans la direction de la rue Libergier. Nous lui demandons à quelle distance il faut aller pour échapper au danger des obus. Il enveloppe notre groupe d'un indéfinissable regard et, désignant le sud, murmure : « Par là, à trois ou quatre kilomètres. » Remy est notre guide. Le canal franchi, il nous conduit, par des ruelles à demi champêtres, dans le faubourg Sainte-Anne, à la Haubette.

La porte de la Haubette, promenade publique, est fermée. Force nous est donc de contourner ses désagréables murs de clôture et de gravir la roide côte d'une longue rue sans maisons, aboutissant dans les champs. Derrière nous, au loin, les obus éclatent sans merci ; d'épaisses fumées s'élèvent çà et là, et le vent, légèrement remonté, nous apporte des odeurs d'incendie. Arrivés sur le bord d'une vaste cuve d'éteules, au bord opposé de laquelle est un vignoble, nous longeons une haie défendant la voie très encaissée du chemin de fer d'Epernay. C'est là qu'il va falloir séjourner. « De cette hauteur, dit Remy, on voit les forts ; nous assisterons à la bataille. »

Du talus en lisière de la vigne, on découvre Reims entièrement, et l'on embrasse par delà une assez vaste étendue. Le magnifique vaisseau de la cathédrale et ses tours, toutes roses dans le soleil d'automne, dominent la cité, la surmontent, la survolent. A droite et à gauche de cette ascension et derrière, des incendies sont allumés; sur un fond de fumées de diverses nuances, le glorieux édifice paraît invulnérable. L'incendie qui est à sa droite déploie tant de violence qu'à tout moment d'énormes gerbes de flammes trouent la fumée, se tordent, montent, se penchent, comme si elles voulaient tout dévorer. Les obus continuent à pleuvoir sur la ville. On aperçoit nettement l'éclair de leur départ, leur trajet dans l'air, leur chute provoquant une sale fumée noire. Le fracas de l'éclatement ne s'entend qu'après, et ce sont des maisons qui s'écroulent. A chaque coup, on se demande oppressé : « Celui-ci a-t-il tué quelqu'un? Combien a-t-il détruit de foyers? Combien a-t-il fait de malheureux? » On se représente les cris des blessés, le sang qui gicle, les cadavres affreusement mutilés... Remy nomme, l'un après l'autre, les endroits d'où partent les engins maudits. Là-bas, à gauche, c'est le fort de Brimont, et, en suivant de gauche à droite, ceux de Fresnes, de Vitry, de Nogent. Les bourgades qu'on aperçoit près de ces forts portent les mêmes noms. Celle de Brimont flambe; d'autres villages aussi. Entre Vitry et Nogent-l'Abbesse, sur les pentes, ce sont les bois de Cernay et de Berru, d'où s'élèvent à de courts intervalles les fumées vite dissipées de batteries en action.

En effet, ce que nous avons sous les yeux c'est bien la bataille, la bataille d'artillerie. On ne voit pas, comme sur les gravures, les armées alignées s'avancer, tirer, charger, se mêler; on ne voit pas les carrés fameux ni les panaches des généraux. Le champ d'action est un désert absolu. Par places, particulièrement aux endroits où le terrain fait un pli, des flocons de fumée blancs ou gris s'élèvent et se dissipent; l'on perçoit le bruit familier de la canonnade, et c'est tout. Moyennant ce tout, qui semble rien, des centaines de nos proches — et des autres — tombent déchiquetés par l'acier. Mais il y a aussi ce qui se passe dans le ciel. Une nuée d'avions évoluent en vrombissant; ils planent, filent, virent à médiocre hauteur. Leurs bourdonnements variés s'amalgament et constituent une harmonie comparable à un concert d'orgues et de cloches lontaines. D'où nous sommes, ils paraissent presque au-dessus de l'éteule; pourtant il n'en doit pas être ainsi; en réalité ils repèrent les positions des armées. A tout moment, auprès des avions, des feux de diverses couleurs, des fumées se suspendent. Sont-ce des signaux? sont-ce des schrapnells? Parfois l'un des grands oiseaux vient délibérément tournoyer juste au-dessus de nos têtes : nous nous sentons observés. Les enfants se font un jeu de courir alors se cacher parmi les broussailles du haut remblai encaissant le chemin de fer. Nous, nous remarquons les croix de fer peintes en noir sous les ailes en nageoires et la queue de poisson du monstre, tout en nous écartant instinctivement de la perpendiculaire de son vol. Il plane une minute et s'en va.

Vers six heures, le bombardement semble se calmer. La rosée est montée; il fait froid. Afin de regagner par le plus court la ville, nous descendons dans la cuve d'éteules. Arrivés au fond, d'effarantes explosions de bombes toutes proches nous font retourner en hâte aux positions de tout à l'heure. Le crépuscule arrive, la nuit tombe. De nouveaux incendies s'allument, tandis que, là-bas, le duel d'artillerie continue. Au milieu des clartés rouges, jaunes, violettes de l'horizon, le brasier de Brimont apparaît comme la gueule de l'Enfer.

L'obscurité est complète lorsque, suivant la foule, nous repassons dans les ruelles du faubourg Sainte-Anne. Sur leur seuil, les habitants disent à mi-voix aux passants les maisons éventrées pendant la journée, les morts et les blessés. Comme nous coupons l'allée de peupliers du canal, nous voyons des soldats du génie, le torse enroulé de fils métalliques, grimper parmi les branches des arbres. Font-ils une installation ou des préparatifs de départ? Nous les questionnons; ils ne répondent pas.

Quand nous arrivons à la maison, madame X..., avec une confiance non ébranlée, nous affirme que Brimont est repris et qu'il n'y a plus à craindre les obus.

Jeudi 17 septembre.

Oh! la terrible nuit que nous venons de passer! La canonnade, au nord, a sévi sans arrêt, et les obus, de demi-heure en demi-heure, s'écrasaient avec un fracas mat sur la ville. La chambre où je veillais était noire comme l'intérieur d'un tombeau. Du fauteuil où j'étais assise, j'épiais entre les lamelles d'une jalousie les chantiers de bois, craignant toujours de les voir prendre feu. Sur la chaussée, nul bruit, si ce n'était, d'heure en heure, les pas d'une patrouille muette et, dans le jardin, contre la fenêtre, le chuchotis des feuilles du platane s'entrechoquant au vent, pourtant modéré. C'était l'abandon, l'isolement absolu. Pierre dormait. Et mon cœur et mes tempes battaient si fort, que je les croyais sortis de moi et vagabondant à travers la chambre où, heurtant les saillies des meubles, ils sonnaient la générale. J'essayais de rassembler mes idées. Impossible. J'essayais de prier. Je ne pouvais. Une obsession terrestre m'interrompait : Suis-je prête à fuir? Ai-je bien sur moi ce qu'il est indispensable d'emporter? Si le feu prend, comment ferai-je pour arriver à nous sauver tous?... J'avais la langue sèche, la bouche amère, la gorge serrée. Je me disais parfois que j'étais endormie, que je faisais un mauvais rêve, que la guerre n'existait pas et que j'allais me réveiller dans mon lit, à Roche ou à Paris. Mais les spectacles de la journée précédente revenaient bientôt m'assiéger. Je voyais, rappelés par la chute sourde des obus, la bataille, les incendies, les avions, ainsi que les ruines, les souffrances, l'effroi, les carnages par tout cela produits. Ces horreurs allaient-elles se poursuivre demain, toujours? Il était certain pour moi que Reims n'était pas délivré; le fléau n'était pas conjuré, le bourreau n'avait point perdu courage. Serait-ce que la vieille cité royale est appelée à l'honneur de racheter partie des péchés du monde? Ses saints, par leurs mérites, lui auraient-ils obtenu l'insigne faveur de souffrir pour elle et pour les autres? Devra-t-elle être frappée dans ce qu'elle a de plus noble et de plus beau? Notre Dame permettra-t-elle que son sanctuaire soit violé, soit détruit? Non, cette calamité passerait la douleur pressentie, et même d'y penser est intolérable. Si cela se produisait, ce serait donc la fin du monde, l'approche du Jugement dernier décrite par l'Evangile : l'abomination de la désolation dans le lieu saint, les nations consternées, les hommes séchant de frayeur, les vertus du ciel ébranlées. Il faut, c'est vrai, que le cataclysme final advienne un jour. Les signes précurseurs semblant se multiplier, ne serait-il pas sage, ne serait-il pas consolant, d'envisager la chose avec calme, avec confiance? Dieu est miséricordieux dans sa justice. Qu'il soit béni! Heureux d'ailleurs celui d'entre nous qui endure le plus, parce qu'il est le plus riche dans la communion des Saints. Quant à l'agresseur, quant au bourreau, quel chrétien ayant tout remis entre les mains de la Providence oserait le juger?... Hélas! la sérénité ne s'adapte guère à l'être bien vivant qui se voit en péril de mort. Sous la menace, le corps sain se débat contre l'âme. Je ne suis pas résignée à mourir. J'aime la vie et j'aime la vie de ceux qui sont ici, dans cette maison. Et c'est pourquoi, en fin de compte, la volonté s'impose à moi de quitter Reims, où rôde trop la mort.

Trois heures sonnaient à une pendule de l'appartement, lorsque, comme pour saluer l'aube encore invisible, s'abattait sur la ville une volée de mitraille. Du coup, la maison est réveillée; chacun est sur pied. On s'interpelle, on descend l'escalier. Je distingue la voix de la bonne criant sa peur. Pierre, fourbu et préoccupé, se vêt en silence, tandis que moi, ne pouvant résister au singulier besoin de dormir qui m'accable soudain, je m'étends sur le lit et aussitôt m'abîme en un léthargique sommeil.

Vers cinq heures, je suis réveillée doucement par mon mari. « Allons, dit-il, il faut partir. — Où? — Dans les champs, comme hier. » Les obus arrivent toujours. J'entends des pas nombreux dans la rue, et je demande ce que c'est. Ce sont, m'est-il répondu, les habitants du nord-est de la ville, évacués dès quatre heures, qui s'en vont. Je suis bientôt prête, ne m'étant point dévêtue depuis trois jours. Comme il fait froid, nous endossons tout ce que nous possédons de vêtements. Puis, à jeun, nous partons au hasard, à la file des autres.

Les habitants des quartiers du centre ont emboîté le pas à ceux de Cérès; ceux du Port unissent leur contingent à la lamentable théorie. Remy et sa famille sont partis depuis un moment. Nous rejoignons Terron et les siens, qui ne marchent pas vite, la fille du vieux garde-magasin étant en état de grossesse avancée. On raconte que des obus sont tombés sur une ambulance et que les infirmières, ainsi que des blessés dans leur lit, ont été tuées par les éclats. Dans les faubourgs du nord, presque toutes les maisons sont atteintes.

Ce matin, le brouillard, bas et dense, est glacé; il colle au visage comme un suaire.

Traverser l'eau sur la passerelle du port ne serait pas bon pour mon mari : il y a trop d'humidité sous les peupliers. Nous nous dirigeons vers le pont de Vesle. En passant devant la rue Libergier, je tourne mes yeux vers la cathédrale. Le portail seul est visible; le grand crucifix du porche nord tend ses bras vers ceux qui fuient; le reste est voilé par la brume. A chaque extrémité du pont de Vesle, des dragons sont en faction : ceux du côté de la cité pressent l'exode des habitants, ceux du côté du faubourg ont mission d'empêcher de rentrer jusqu'à six heures du soir.

L'avenue de Paris est grouillante. En outre de la foule des civils, il y a des troupes à pied et à cheval. Fourgons et automobiles militaires circulent. Sous ce ciel gris et chargé, on piétine dans la boue gluante, parmi des feuilles pourries et du crottin. Au bruit des lourds véhicules se mêlent des larmoiements d'enfants ayant faim ou envie de dormir, des cris de femmes qui se trouvent mal. Mais ce tumulte est dominé par la voix écrasante du bombardement. On ne sait que faire; on est embarrassé de soi. Si l'on marche, ce n'est que lentement et parce qu'il fait trop froid pour rester immobile. Tous les cafés, auberges, bars, sont pleins. De crainte d'être débordés, les patrons de ces établissements ont fermé les portes et retiré les becs-de-cane extérieurs. Les magasins ont leurs volets clos. A la porte des boulangeries, closes aussi, des centaines de personnes font la queue. Je me mets résolument à l'une de ces files. De trois minutes en trois minutes, la porte s'entr'ouvre et laisse pénétrer cinq clients. On ne vous sert pas plus d'une livre de pain et l'on vous fait sortir par l'arrière-boutique.

A neuf heures, nous parvenons à nous faufiler dans une sorte d'échoppe dont la tenancière s'est instituée marchande de café. Assis sur des bancs, nous essayons de nous réchauffer en buvant le liquide noirâtre. Nous voudrions prolonger la station, mais nous sommes bien vite obligés de céder la place à d'autres et de reprendre notre marche. La petite Hélène, dolente et fatiguée, se fait porter tantôt par l'un, tantôt par l'autre de nous.

Vers Pargny, route de Paris par Château-Thierry, où l'armée n'a que faire, c'est fourmillant aussi de fugitifs. Sur les tas de cailloux, au creux des fossés, au pied des talus, derrière les moyettes, des groupes transis se serrent et tuent le temps en devisant, mangeant et buvant. Au milieu d'un de ces groupes, une ouvrière d'âge moyen, en cheveux, pérore avec abondance. Celle-ci n'est point maussade; elle ne suit pas avec chagrin, ni même avec gravité, les péripéties du bombardement. Cherche-t-elle ainsi à s'étourdir, à égayer le troupeau apeuré qui l'entoure? ou bien n'a-t-elle pas conscience de la situation ? Je ne sais. Au bout d'une minute, nous retenons de ses dires qu'elle est Parisienne de la rue Mouffetard et que, venue au mois d'août en vacances chez sa sœur habitant le quartier Cérès, elle a été surprise par l'invasion. Avec une verve et un accent dont aucune expression ne rendrait la truculente cocasserie, elle invective contre les Boches, contre la guerre, contre le bombardement, contre Reims, contre sa famille ; elle déclare ne point craindre les obus, mais être dégoûtée d'émigrations hors de la ville ; elle proclame que rien n'est bon qu'à Paris et termine en affirmant qu'elle va s'y rendre de ce pas, telle qu'elle est, sans chapeau, sans valise, sans argent. De fait, elle s'élance sur la route en criant, les poings brandis : « Qui m'aime me suive! » Elle obtient un succès de gaicté, mais personne ne la suit. Pourtant, cette femme a, sans le savoir, convaincu irrévocablement quelqu'un : moi. « Elle a raison, dis-je à mon mari. Il faut nous en aller sans plus de retard à Paris. »

Sur ces entrefaites, le brouillard se résout en pluie. Nous rebroussons chemin. En vue du poteau indicateur, nous rencontrons une carriole, traînée par une haridelle, s'engageant sur la route. Elle est bondée de femmes et d'enfants emmitouflés. C'est la première voiture de civils aperçue dans ces parages. Je m'échappe de dessous le parapluie partagé avec Nelly et Hélène et vais au-devant du véhicule. « Où allez-vous? » demandè-je à la conductrice. Un nom de pays m'est jeté, que je perçois mal. J'insiste : « On peut donc avancer par là? » La femme me fait de la tête et des épaules un signe que j'interprète ainsi : nous ne savons pas, nous essayons. Pourquoi ne ferions-nous pas comme ces voyageuses? Cette rencontre a aiguisé mon désir de partir, et je tourmente Pierre afin de le convaincre et qu'il se rende à mes instances.

Tout en discutant, nous nous dirigeons vers la ferme brûlée, où beaucoup de monde va se réfugier. Dans la cour, notre curiosité s'arrête devant un simulacre de canon, disposé il y a six jours par les Allemands et qui, lors de la reprise de Reims, a attiré les projectiles français sur la ferme. Durant la bataille, les fermiers ne s'en sont point allés. De leur cave, ils ont assisté à l'incendie de leur habitation. Pour le moment, ces pauvres gens se confinent dans un réduit en planches de leur confection : ils ne peuvent donc offrir l'hospitalité à leur foyer. Ils se contentent de distribuer l'eau du puits à ceux qui ont soif. Aux arrivants, ils indiquent la grange, demeurée seule intacte parmi les ruines. Nous y entrons.

Une déprimante atmosphère règne dans ce lieu. Sur l'aire couverte de paille, sur les tas de gerbes et de foin, hommes, femmes et enfants sont assis, couchés, vautrés, pêle-mêle. Nous retrouvons là madame Terron et sa fille se désolant de ce que Terron, retourné chercher à manger, ne revienne pas; elles craignent qu'il lui soit arrivé malheur. La porte de la grange est ouverte et le vent en hurlant s'y engouffre avec la pluie; mais plus hurlantes encore sont les vociférations du bombardement, se répercutant ici avec une sonorité singulière. On s'attend toujours à ce qu'un obus vienne écraser le misérable refuge. La pluie redouble; elle filtre du toit. Les groupes se resserrent en une craintive promiscuité; des loques humaines, grelottantes, aspergées par le vent de débris de paille, cherchent à s'incruster dans le fourrage comme dans des niches. Terron ne revient toujours pas. La jeune femme enceinte gémit par moments, comme si elle était sur le point d'accoucher. Une détresse sans nom étreint âme et corps dans ce lieu hanté par la peur, le froid, l'humidité, et où vous assiègent des émanations écœurantes. A quelle rechute Pierre n'est-il pas exposé!... Dans ma tête douloureuse un stylet creuse ces mots : quitter Reims. Comme un enfant obstiné, je répète à mon mari : « Il faut partir de Reims, partir tout de suite. » Nous remontons sur la route. Il est midi passé.

Dans l'avenue de Paris, nous ne trouvons ouverte aucune porte de lieu où l'on vende à manger. Nous essayons de rentrer dans Reims, en dépit du fracas des obus. Au pont de Vesle, un dragon, sabre nu, nous interdit l'entrée de la ville. Nous retournons. La pluie tombe toujours. A ce moment, nous voyons une foule hurlante accompagner une patrouille qui emmène un couple d'espions vers la Haubette. Nous sommes malades de fatigue, de froid et de faim. Mon mari prend le parti de tourner un restaurant fermé et d'y pénétrer par une cour intérieure. Le stratagème réussit, à cela près qu'il n'y a dans le restaurant plus rien à manger. Il faut nous contenter pour nous quatre d'une demi-bouteille de champagne et de chacun un verre de café. Au bout d'une heure passée en cet endroit empesté, mais où du moins les respirations tiennent chaud, la patronne nous invite à céder nos places.

Nous reprenons la marche dans la fange glacée. Comme nous venons de nous abriter de la pluie contre une porte, la femme d'un cordonnier nous prend en pitié et nous fait pénétrer dans sa cuisine couverte d'un vitrage. Il y a là déjà plusieurs personnes. Parmi celles-ci, une dame du quartier central s'entend avec l'obligeante cordonnière, à l'effet d'occuper dans la maison une chambre, le temps que durera le bombardement.

Vers le soir, nous quittons ce refuge. Maintenant, le ciel se nettoie; son fond blanc à l'ouest est traversé de grandes bandes vertes et rouges.

Il est nuit noire quand, rentrés dans Reims, nous arrivons chaussée du Port. Je fais part à notre hôtesse du projet de départ pour demain matin et lui offre de l'emmener avec nous. Elle refuse, ne voyant, assure-t-elle, aucun motif de s'en aller, et fermement convaincue toujours que cette journée-ci est la dernière du bombardement (1). Nous faisons nos valises; toutefois nous ne les emporterons pas, de crainte qu'une réquisition du cheval et de la voiture en pleine campagne ne nous force à continuer la route à pied.

A onze heures, je m'aperçois que l'émotion, la fatigue et le froid ont fait de moi une misérable chose sans énergie. Je renonce à veiller.

Vendredi 18 septembre.

Ce matin, pour la ville en détresse, c'est le recommencement d'hier : bombardement, exode, ciel menaçant. Pourtant le brouillard d'hier est remplacé par de gros nuages se mouvant dans un vent frais.

A sept heures, lorsque je descends, notre hôtesse, par la fenêtre ouverte de la salle à manger, cause avec un négociant voisin en rap-

(1) Peu de temps après, en novembre, le gendre de notre amie tombait, décapité par un obus, dans l'avenue de Paris. Ce malheur décida madame X... à quitter Reims.

ports avec la municipalité. Ce monsieur affirm que le fort de Brimont, le seul selon lui encor au pouvoir des Allemands, est repris en parti et qu'il le sera en entier dès aujourd'hui, sûrement.

Cependant mon mari fait atteler. Avant de lu dire adieu, nous proposons une dernière fois e vainement à madame X... de l'emmener. Nou montons en voiture et partons. Reverrons-nou jamais notre vieille amie?

Les gens du voisinage ont déjà repris le pèlerinage d'infortune. Le bombardement est plu violent que jamais; il se rapproche, croirait-on et cherche une cible en deçà des faubourgs du nord, en deçà même du centre. Comme nou passons en vue de la rue Libergier, je me pench hors de la capote du phaéton. Je veux regarde encore une fois la cathédrale. Est-ce le gris de nuages qui la fait paraître si blanche et s haute? On dirait qu'elle se soulève de terre Elle tend ses bras vers le ciel, comme un femme à genoux, enchaînée par les pieds, et qui en face du bûcher, demanderait grâce et appellerait du secours.

Engagés sur le pont de Vesle, nous croison des troupes entrant dans la ville. Le long du fau bourg, c'est un grand remuement. Des batteries d'artillerie, arrivées pendant la nuit, stationnent. Il y a de la cavalerie et de l'infanterie qui circulent ou se défilent. C'est sans doute à cette animation que nous devons de n'être ni arrêtés, ni questionnés. Les cavaliers se rangent pour nous permettre le passage; les fantassins en s'écartant nous regardent avec un certain étonnement. Aucun pourtant ne nous réclame de sauf-conduit. Nous regardons avec compassion les bons Rémois, citadins martyrs, déambulant en foule sur les trottoirs et continuant ainsi à vider la coupe d'angoisse que nous essayons d'écarter.

Nous voici enfin sur la route de Paris. Des familles, des solitaires, leur petit paquet à la main, s'en vont à pied, délibérément. Nous en questionnons plusieurs. Leur but est Pargny, Sacy, ou tout autre village de cette direction, pas trop éloigné. Reims devenant intenable, ils le quittent momentanément. De fait, la terrible chanson des obus nous accompagne toujours, de plus en plus pressée. Oh! ne plus entendre cette lâche menace...

Notre Rosette étant bien en point, deux, trois, quatre kilomètres sont assez vite parcourus. Tous les piétons sont dépassés. La ville s'éloigne.

Nous éprouvons une sensation de délivrance, analogue sans doute à celle du condamné à mort entendant commuer sa peine, analogue au sentiment de l'âme du Purgatoire qui, sa pénitence accomplie, monte vers la paix avec le seul regret de laisser derrière soi des sœurs souffrantes. Sur l'horizon en face de nous, les nuages se livrent des combats, impétueuses légions montant à l'assaut de forteresses chimériques, se chevauchant les unes les autres, se culbutant, pour se disperser en cohortes légères. Le soleil commence de briller. Sous ses rayons, la terre champenoise se colore. Le vaste paysage s'anime. Et voici que tous les chemins de la plaine ondulent comme un long serpent bigarré. Ce sont des colonnes de renfort s'avançant vers la ville.

Général en tête, une division de cavalerie arrive au-devant de nous ; elle occupe toute la chaussée. Un officier nous fait signe d'arrêter, descend de cheval, gare notre voiture sur le fossé comblé de la route. Une heure durant, cette cavalerie passe en bon ordre. Les hommes sont silencieux ; la plupart ne sont plus très jeunes. D'où viennent-ils? En quel endroit du pays ont-ils laissé leurs foyers, leur bien-être, leurs affections? Combien, ce soir ou demain, tomberont face au ciel ou mordant la terre? Je les vois en ce moment robustes et sains, un peu tristes et comme repliés sur leur pensée; et je songe que bientôt, sur le champ de bataille, maints seront relevés, démesurément grandis par la mort, les membres en allés, la tête aux yeux vitreux jetée en arrière ou oscillant de droite et de gauche sur les épaules flasques. Je me représente celui-ci, ou celui-là, tombé blessé, à l'abandon, immobilisé par sa blessure, endurant des supplices sans nom sous la pluie, sous le soleil, sous le givre, dans la boue, assailli par des mouches empoisonnées, attendant le secours, appelant sans être entendu, se désespérant, voyant couler sa vie avec son sang, mourant peu à peu dans l'effroi de cette solitude ou avec sa conscience dressée devant lui. A moins que, suprême torture, vienne l'assassin ajouter à son martyre et l'insulter avant de lui donner le coup de grâce!... Cependant, loin du champ de massacre, dans les riches demeures et dans les chaumières, parmi les tribus errantes qui n'ont plus ni foyers ni pays, les larmes couleront, des cœurs seront tordus d'inquiétude par la vaine attente des nouvelles de l'absent. Un jour, l'avis officiel du décès ou de la disparition arrivera.

Dans les familles il y aura, ce jour-là, beaucoup de souvenirs exhumés, ressassés, sur le disparu. Pas beaucoup de pleurs, car les énergies et les larmes se seront épuisées dans les longs et anxieux recueillements, au cours desquels on souffre plutôt qu'on ne réfléchit. Et les vieux, les pères surtout, s'éteindront sans maladie apparente, sans motif visible, parce que leurs cœurs seront consumés comme ces petits cierges que les mères et les sœurs font brûler sans relâche devant l'image de Notre Dame du Perpétuel Secours... . . . .

. . . .

. . . .

. . . .

. . . .

. . . .

. . . .

. . . .

. . . .

. . . .

. . . .

Chers soldats ! Vous les doux, vous les violents, vous les casse-cou, vous les peureux, tous, cœurs généreux ou cœurs égoïstes, justes ou pervers, chargés d'iniquités ou nets de péchés, faillibles en tout cas plus ou moins, martyrs qui allez au feu, puissiez-vous sortir de la fournaise purifiés, soit que, saints, vous quittiez ce monde — ô vous dont les restes sans sépulture seront, sous les yeux de vos frères d'armes, déchiquetés par les corbeaux ! — soit que vos anges gardiens vous ramènent un jour parmi les hommes !...

C'est ainsi que mes pensées processionnent durant le défilé de la cavalerie. Dès que l'escadron de Marocains terminant la colonne est passé, nous reprenons la route et ne tardons pas à nous trouver parmi d'autres troupes, dont les unes viennent vers nous, dont les autres, débouchées de chemins latéraux, prennent la même direction que nous.

A mesure que Reims s'éloigne, les traces de batailles et d'invasion s'accentuent. Dans les champs frénétiquement piétinés, les moissons ont été brûlées; des cadavres de chevaux gisent, le ventre gonflé, exhalant une insupportable puanteur. D'autres chevaux couchés se débattent, entrailles sorties, dans les convulsions de l'agonie. On en voit aussi debout, abominablement blessés, qui broutent, abandonnés. Des fourgons brisés, des caissons démolis, des cercles de roues, à côté de ferrures tordues, sont épars. Çà et là, des squelettes d'instruments agricoles, moissonneuses, rateaux, herses, charrues, montrent leur ferraille faussée, cassée, rougie. On découvre même des meubles : commodes disloquées, armoires à glace en miettes, sièges, tables, garde-manger; matelas éventrés et souillés, édredons américains et couvertures de soie, tentures, et toutes sortes d'objets dérobés dans les habitations et éparpillés.

A côté de longs silos, dont l'aspect donne le frisson, se voient d'étranges débris : paquets d'ouate, lambeaux de capotes, chiffons de linge, morceaux de cuir, jambes de pantalons, manches de tuniques, havresacs, et des choses informes qui pointent de terre ou sont roulées dans la boue. Puis, accrochées aux buissons ou pourrissant sur l'éteule, des peaux de bœufs, des panses et des carcasses épouvantent l'odorat, forcent à détourner la tête. Des bivouacs délaissés se présentent, différents d'installation, selon qu'ils ont été ceux des Français ou ceux des Allemands : autour des uns et des autres, les déchets et les ordures inévitables. Ce qu'on voit surtout en ces bivouacs et partout, ce sont des boîtes de conserves et des bouteilles vides, celles-ci en incalculable quantité, cassées ou entières, souvent par tas, depuis l'humble litre jusqu'à la pompeuse bouteille à champagne. Dans le saccage général, les vignes semblent seules avoir été épargnées. — Les saccageurs auraient-ils escompté le profit de la vendange? — Intacts, les ceps dressent leurs pampres vivaces liés aux échalas; le raisin achève tranquillement de mûrir.

La route de Reims à Ville-en-Tardenois traverse peu de villages. Ce que nous côtoyons de Pargny et de quelques autres bourgades nous fait juger qu'elles n'ont pas beaucoup souffert de la guerre : des maisons incendiées, des trous dans les murailles et aux toitures. Mais d'autres localités, au large de la route, nous apparaissent complètement en ruines. Sur notre gauche, au fond d'un charmant petit vallon en contre-bas, nous laissons un village de moyenne importance, dont il ne reste absolument que décombres et pans de murs calcinés.

Maintenant, le terrain quitte sa plate monotonie et s'accidente agréablement. Nous traversons une futaie magnifique. Dans une clairière, un service sanitaire est installé et fonctionne. Les fourgons sont cachés sous les ramures. Des voitures d'ambulance entrent et sortent, rideaux tirés. Le bruit de la canonnade nous arrive encore très sensible, mais ce n'est pas comme il y a deux heures. Pourtant, de temps à autre, je demande à quelqu'un des soldats rencontrés si l'on se bat du côté où nous allons. « Où allez-vous? me fait-on. — A Paris. — Avancez tout droit, sans crainte; il n'y a pas de danger. » Et cela est dit dans un bon sourire, plein de confiance et de fierté.

Comme nous avançons, une compagnie cycliste, dont les hommes, carabine au dos, sombrement vêtus et accroupis sur leurs grêles machines, font songer à de gigantesques fourmis noires en migration, nous suit, nous accompagne, nous dépasse, s'arrête. Nous la dépassons à notre tour, elle nous redépasse, et cela sans cesse. Dans le plus absolu silence, ces soldats devant nous roulent sur leurs pneus muets en file indienne, aux deux côtés du chemin, ou bien, selon des commandements muets aussi, ils se resserrent sur deux rangs, font halte ensemble, mettent pied à terre durant une minute, repartent d'un mouvement unanime, s'écartent en queue d'aronde, filent, se réunissent, s'arrêtent, pour recommencer la même manœuvre toujours dans un ordre parfait et sans le moindre bruit. Cela est fantastique. Plus loin, nous nous trouvons parmi des convois, des contingents de toutes armes, cheminant en tous sens, sans hâte, sans trouble, sans chagrin, sans gaieté... Et voilà donc ce qui se passe derrière les lignes d'un front de bataille.

Ville-en-Tardenois. Ce bourg n'a pas trop souffert apparemment. Il regorge aujourd'hui de soldats. Nous nous y arrêtons pour donner l'avoine à notre jument. Les habitants et des militaires, ayant appris que nous arrivons de Reims, viennent nous questionner tandis que Rosette mange. Nous sommes les premiers arrivés de là-bas, depuis l'invasion. Nos récits intéressent vivement et consternent. On s'explique enfin le bacchanal d'enfer entendu ces jours-ci, et qui semble en ce moment redoubler de violence. Cependant, nous ne perdons point de temps à bavarder, car, dans l'espoir qu'à quarante-cinq kilomètres de la ligne de feu il sera possible de trouver une hôtellerie, nous sommes décidés à gagner Dormans aujourd'hui.

Nous voici donc roulant en Tardenois. Devant nous, de jolis paysages sous un ciel léger. Sur la route même, il y a un petit chemin de fer d'intérêt local, reliant Ville à Dormans; aujourd'hui, bien entendu, il ne relie rien. Toutes les gares aperçues sont incendiées ou démolies, les poteaux et les fils télégraphiques ont été arrachés et cassés. On distingue des wagons brûlés, des tas de ferraille qui furent des locomotives. Les gares constituant encore un semblant d'abri ont servi de postes de secours aux blessés, selon que l'attestent les litières de paille et d'autres traces. Presque partout où se pose l'œil, le charme du paysage est offensé par les odieux vestiges de la guerre. Dans les champs, pas un paysan, pas une tête de bétail vivant. Ce serait à croire que l'agriculture est morte, que tous les laboureurs ont été emmenés en captivité. En fait de civils, nous sommes absolument seuls à voyager. A la sortie de Ville-en-Tardenois, pas mal d'autos d'officiers nous dépassaient ou nous croisaient. Maintenant, si les allées et venues de troupes ont à peu près cessé, les autobus parisiens de ravitaillement, en revanche, nous escortent de leur lourde masse et de leur vitesse tumultueuse. Ils arrivent derrière nous avec l'air de vouloir nous écrabouiller ; le macadam tremble sous leurs roues, et ils trouvent moyen, sur cette route à peine séchée de la pluie qui l'a détrempée hier, de soulever des nuages de poussière. A la queue leu leu, un à un ils nous dépassent, ces débonnaires mastodontes ; plusieurs, éclopés, exhalent des gémissements aigus.

A Romigny, où un état-major est cantonné, il nous faut, pour la première fois, exhiber nos laissez-passer. Nous n'en avons d'autres que ceux délivrés à Roche il y a vingt jours, et ce n'est pas sans appréhension que nous les présentons. Aucune objection n'est faite sur leur valabilité, mais au lieu de nous laisser poursuivre directement, on nous fait prendre un chemin de terroir contournant le village et rattrapant la route à peu de distance. A partir de là, si les autobus nous harcellent toujours, le va-et-vient des automobiles d'officiers ne gêne plus.

Des villages se succèdent, de plus en plus blessés. Les maisons cossues, probablement abandonnées par leurs habitants, ont été, cela se voit, forcées. Les portes des granges, les murs présentent des inscriptions en langue allemande. Beaucoup de ces inscriptions, des flèches accompagnées du mot « Paris », dénoncent au charbon ou à la craie le vœu, le souci, le rêve de ceux qui les ont tracées ; parfois, des mots ou des signes exclamatifs appuient ces vœux et disent la hâte et l'enthousiasme du conquérant. Nous demandons aux habitants rencontrés dans ces villages s'ils ont eu beaucoup à souffrir des Allemands. L'armée ennemie, nous dit-on, n'a fait que passer et repasser. Elle n'a pas exercé de sévices graves sur les personnes, mais ses vexations, ses rapines ne se comptent pas. Cravache ou revolver au poing, l'envahisseur exigeait, l'envahi n'avait qu'à obéir, s'il ne voulait être molesté. Néanmoins les enfants constituaient une sauvegarde ; en leur faveur, des mères ne furent point dépouillées. On nous montre un très modeste intérieur de rentiers enfuis. C'est un désordre incroyable : le lit de fer est tordu, pétri, replié, cassé; la table, crevée, n'a plus de pieds; les chaises sont en morceaux; le contenu des meubles, défoncés ou disparus, est par terre, pêle-mêle, déchiré, froissé, gâté d'excréments et semé de bouteilles vides. Sur tout cela règne je ne sais quelle répugnante poussière.

En approchant de Verneuil, dernier village avant Dormans, nous traversons le lieu d'un combat où auraient succombé trois cents Allemands et une soixantaine de Français. A regarder de chaque côté du chemin les tertres surmontés de croix où sont accrochés, ici un képi, là un ceinturon, ailleurs un morceau de drap d'uniforme, le cœur se serre atrocement. On ne longe que des tombes françaises. Les autres doivent être ces larges renflements aperçus dans les terres.

A Verneuil, les maisons ont beaucoup souffert. Elles ont dû être organisées en forteresses, car nombre d'entre elles présentent des meurtrières. Pignons et toits sont troués par les obus. Nous passons tout près de l'église, elle aussi fort touchée. A côté se voit une mare assez vaste, où aujourd'hui un prêtre d'âge mûr, soutane retroussée, pieds et jambes nus, accompagné de vieillards qu'il semble diriger, fouille de la pelle et du croc. Près de cette mare, un groupe de femmes et de marmots attend, avec une curiosité hagarde, le résultat des recherches.

Le soir, frais, commence à descendre quand, à l'horizon, se montrent les toits rouges de Dormans. Avant d'y entrer, nous avons une agréable surprise. Dans le fossé de la route, une charrette repose sur ses brancards, tandis que le cheval, attelé à une houe, culbute un carré de pommes de terre. La bête, maigre, est conduite par une jeune fille ; un garçonnet tient les mancherons de l'instrument. Leur mère et leurs petits frères ramassent les tubercules et les ensachent. Ce spectacle m'arrache un cri de joie. Il y a donc encore des paysans et des chevaux pour cultiver la terre !

Nous voici entrant à Dormans. L'ancienne petite ville des *dormants* est très animée, car elle est le siège d'une organisation d'étapes. Le croissant de collines qui, planté de vignes, la ceint à demi est cuivré par l'automne ; les prairies qui bordent la Marne coulant à ses pieds sont plus vertes qu'émeraude sous le soleil couchant dont les reflets rougeoient dans la rivière et dans les baies vitrées, enveloppant la ville d'une teinte rose très délicate. Mais il n'est pas facile, ce soir, d'y pénétrer. Les autobus et les camions automobiles, qui, sur la route, nous avaient dépassés, stationnent dans la voie d'accès et l'obstruent littéralement. Nous sommes obligés de nous arrêter. D'autres camions automobiles arrivent derrière nous, s'arrêtent à leur tour ; de sorte que nous voici encerclés. Il ne nous est possible ni d'avancer, ni de reculer, ni d'obliquer. Pierre descend de voiture et parlemente afin d'obtenir le passage.

Notre dégagement demande un certain temps. Si bien que la nuit tombe, lorsque nous atteignons le centre de Dormans. Aucune place dans les hôtelleries. Un passant obligeant nous conseille de pousser jusqu'à Tréloup, distant de deux kilomètres, et nous adresse à l'un de ses amis, aubergiste en ce village. A l'entrée du pont suspendu sur la Marne, des territoriaux demandent nos laissez-passer. Après quelques explications, tant au sujet de l'heure tardive qu'au sujet de la date éloignée de notre papier et de la raison nous faisant aller à Tréloup hors de notre itinéraire, nous pouvons avancer.

La voiture sans lanternes roule dans la nuit, où se distingue à peine le fil du chemin; et le bruit que nous faisons serait le seul perceptible dans la campague déserte, si des coups sourds, régulièrement espacés, n'attestaient que le supplice de Reims continue.

Samedi 19 septembre.

Tréloup. Ah! la calme, la bienfaisante halte, après les émotions de ces derniers temps! L'aubergiste et sa femme se sont empressés de nous accueillir. Après avoir garé la voiture et assuré le confort de Rosette, nous nous sommes attablés devant la bonne soupe fumante et nous avons pu tranquillement contenter notre faim. Puis ç'a été le bon lit où dormir sans crainte des obus, une sécurité dans laquelle le corps se sent en pouvoir de se réparer, où l'âme se donne l'illusion de la paix. Je redoutais pour Pierre la fatigue du trajet; mais Dieu nous a protégés : mon mari ne se sent pas plus mal, au contraire.

Dans l'auberge loge aussi une famille de propriétaires terriens du nord des Ardennes. Elle est arrivée hier, quelques heures avant nous, après avoir, durant quatre semaines, erré en voiture. Du département de l'Yonne, où elle se trouvait il y a huit jours, elle est remontée jusqu'ici avec l'espoir de réintégrer bientôt, à la suite de l'armée française, l'arrondissement de Rocroi. Elle se compose de cinq personnes : le père, la mère, leur fille et les deux enfants de celle-ci. Le mari de la jeune femme, son frère et son beau-frère, mobilisés, sont au feu, de même qu'y sont la plupart des Ardennais de leurs classes. On est sans nouvelles précises de ces jeunes hommes, et, d'après des renseignements indirects, il y a lieu de craindre qu'ils ne soient morts à l'ennemi ou disparus. La mère, d'âge mûr, est dans un état de santé qui nécessiterait une intervention chirurgicale, déjà trop retardée parce qu'on ne sait où conduire la malade pour la faire opérer (1). Ces gens se sont enfuis de leurs domaines, au cours de la deuxième quinzaine d'août, lorsque, du nord et de l'est embrasés, se rabattaient en panique les témoins éperdus

(1) Au cours de l'été de 1915, on me fit savoir que cette dame était à Paris, hospitalisée; je la trouvai à Saint-Antoine, très malade, usée par le chagrin et les privations, dans un état tel que l'opération était devenue impraticable; elle me dit que son fils et son gendre avaient été tués dès la fin d'août 1914. Elle mourut peu après son entrée à l'hôpital.

des massacres et des incendies de Belgique, ceux de Dinant et d'ailleurs. Ils sont partis sans emporter ni cacher valeurs, bijoux, titres de propriété, sans se préoccuper des proches, des amis, des voisins; n'ayant souci que de sauver leur propre vie et celle des deux petits enfants. Ils savent seulement que la belle-mère presque aveugle de la jeune femme se disposait à partir de son côté, avec l'aïeul impotent. Où les deux infirmes se sont réfugiés, ils l'ignorent. Dans leurs pâturages et leurs écuries, une centaine de chevaux ont été laissés, dont plusieurs promis aux haras gouvernementaux. La petite somme d'argent emportée est presque épuisée. Ils ne touchent point d'allocation, n'en ayant pas demandé, n'y ayant même pas songé. Et voici venir les jours froids qui nécessiteront l'achat de vêtements chauds! Ils ne possèdent plus rien que l'étalon pur sang chéri de son maître et qui, rapide comme le vent, traîne leur duc surchargé sur les chemins de l'exil. Tels quels, ils constituent le type de ces milliers de familles des zones frontières, périodiquement acculées à la détresse et à la ruine par l'invasion.

Il n'y a à Tréloup ni soldats ni bruit. Je sors Je veux aspirer le bon air de ce coin de France moitié Champagne, moitié Brie. Le village est tout vieillot, ratatiné sous ses hautes toitures de tuile ou de chaume; il possède une jolie église romane, dont les portes sont ouvertes, mais qui n'est pas, pour le moment, desservie. En bas, dans la vallée, coule la Marne, adamantine dans l'écrin des prés. Sur le flanc des coteaux environnants, des hameaux sont blottis parmi des vignes, des jardins, des cultures, des boqueteaux bleu et or. Je me croirais au paradis terrestre si, dans les vergers attenant au village, je ne rencontrais des restes de bivouacs et si l'écho ne se répercutait de la canonnade de là-bas. Les villageois, aux écoutes sur leurs seuils, disent, ce matin, n'avoir encore entendu pareil bombardement. On ne reçoit ici ni journaux, ni correspondances, la poste ne refonctionnant pas encore. Si l'on veut savoir quelque chose, on est obligé, muni d'un laissez-passer aller et retour, de se rendre à Dormans, où l'on n'apprend de la guerre que ce que les militaires connaissent par le *Bulletin des Armées*.

Lorsque la nuit est tombée, nous nous groupons à l'auberge autour de la haute cheminée, où flambe un feu de sarments. L'aubergiste, en attendant le souper en commun, devise avec nous et raconte l'invasion de Tréloup. Parfois, un client entre dans la salle, prend place à côté de l'âtre, débite son petit récit, apprécie celui du voisin. C'est comme aux temps jadis, aux temps des veillées d'hiver et des histoires de brigands. A en croire certains narrateurs d'aujourd'hui, un parti de uhlans démontés serait demeuré dans des bois voisins et terroriserait les habitants des fermes isolées, où il va subrepticement se ravitailler. Le matin, on trouve à l'étable les vaches traites, les poulaillers dégarnis, et, au retour des champs, on constate que les huches sont vides de pain et les saloirs vides de lard. Quelquefois, dit-on, les chapardeurs laissent sur les tables, en paiement de leurs larcins, des pièces de monnaie. Mais les traces des maraudeurs ont été relevées; on parle d'organiser des battues, de les traquer, et, s'il le faut, de mettre le feu aux bois. Hélas! les hommes solides manquent pour mettre ces projets à exécution, et les gendarmes ont bien autre chose à faire.

Tréloup n'a pas trop pâti du passage des Allemands; les maisons inhabitées n'ont pas été violées. Ils sont arrivés en nuée, en ouragan, à l'heure de midi, se sont répandus pleins de faim dans les rues, chez les habitants, qui se disposaient à se mettre à table, ont fait main basse sur les repas servis et à servir, sur le contenu des buffets, sur toutes les provisions de bouche. A cor et à cri, ils réclamaient du pain. Quant à la boisson, la quantité de bouteilles vides semées dans les rues et les clos atteste, mieux qu'aucun récit, qu'elle ne leur fut pas marchandée. Dès les mangeailles englouties, et la grande chaleur d'après-midi étant tombée, l'ouragan s'est remis en marche vers Château-Thierry, vers Paris, tandis que les gens du village, dans l'attente d'autres colonnes allemandes et ignorant ce qui se passait aux alentours, se terraient de peur sous le bruit du canon. Six jours après, la nuée grise s'avançait en sens inverse, bon pas, sans gloire, ne s'écartant point de la rue principale et défilant sans discontinuité, tout un jour et toute une nuit. A peine le dernier soldat germain était-il sorti de Tréloup, que les premiers Français apparaissaient à l'autre bout du village. Alors, aux acclamations de la population rassurée mais n'osant encore célébrer sa délivrance, la gigantesque chasse s'était poursuivie à perte de vue.

Quand, après ces récits et le souper, nous

allons nous mettre au lit, la nuit opaque se colore au nord-est d'une lueur violâtre. La bise aigre apporte du lointain une sorte de clameur désespérée, comme la lamentation d'un chœur de cloches expirantes.

Dimanche 20 septembre.

A Dormans, où nous a conduits l'émigré ardennais, on nous dit que depuis hier soir la cathédrale de Reims est en flammes. Est-ce que la lueur sinistre d'hier soir et la plainte sonore auraient rapport à ce forfait? Ah! je ne puis y croire. Quoi qu'il en soit, en écoutant dans la campagne, le bombardement semble aujourd'hui faire trêve. Nos hôteliers de Tréloup prétendent que le bruit de la canonnade arrive maintenant de Soissons.

Lundi 21 septembre.

A l'extrémité du village, une plaque indicatrice porte ces noms réunis : Tréloup-Violaine. Singulier accouplement de mots : le premier dur et évocateur de férocité, le second doux et évocateur de mystique beauté. Celui-ci dresse aussitôt devant nous le souvenir d'un ami cher, dont nous sommes sans nouvelles et sur le sort de qui nous avons de fortes raisons d'être inquiets. De même que mon mari projette d'aller à Fère-en-Tardenois, distant de sept kilomètres et où demeure la famille de cet ami ; de même je voudrais savoir l'origine de l'appellation de Violaine, rencontrée déjà sur la façade d'une gare en ruines. Ici, la pensée de Paul Claudel nous accompagne ; nous nous murmurons des paroles jaillies de son âme de lumière. Nous voudrions rester quinze jours, un mois, à respirer l'atmosphère de ce terroir, où germent des fleurs de santé et où nous ferions une cure de confiance et de force.

L'après-midi, nous allons à Dormans. Nous y recevons la confirmation de l'incendie de la cathédrale de Reims. Il n'y a plus de doute à avoir sur la catastrophe : des Rémois en fuite, témoins oculaires, l'attestent. Instantanément, la douceur du soleil et du paysage, la joie de vivre disparaissent, font place au désir, au besoin de pleurer et de nous isoler au seul endroit où l'on puisse s'isoler, à Paris.

Justement, demain, à neuf heures, un train à destination de Paris sera pour la première fois mis à la disposition des voyageurs sans bagages. Nous prendrons ce train.

Mardi 22 septembre.

L'on nous conduit à la gare de Dormans. Comme s'ils voulaient nous retenir dans le désir antérieur d'un séjour à Tréloup, le ciel et la terre se sont mis en fête. Sur les prés, le ruban d'argent de la Marne s'élargit en buée étincelante. Dormans rutile de tous ses toits. Les vignes rousses et les bois enfiévrés décorent les pentes des coteaux, ou s'enfuient au loin, telles des fumées polychromes. Derrière Dormans, à mi-côte, parmi les arbres, une vaste habitation, le château sans doute, miroite de toutes ses fenêtres, pareil à un gros scarabée le ventre en l'air qui chercherait à se remettre sur ses pattes.

Nelly n'est pas avec nous; elle a préféré attendre à Tréloup, avec Hélène et en compagnie de la famille ardennaise, la libération des Ardennes, qui, selon leur conviction à tous, ne saurait tarder. Aussitôt cette libération, nos deux nièces dans le phaéton attelé de la brave Rosette, regagneront Roche en compagnie des Rocroyens.

A la gare, peu de monde; on exige des sauf-conduits fraîchement visés. Sur le quai de départ, les voyageurs commentent le bombardement de Reims et l'incendie de la cathédrale. Un officier de territoriale surveille la station. Durant les loisirs que lui laisse son service, il cause avec des personnes de Dormans attendant, près de nous, le train. Nous comprenons à ses propos qu'il habite le château, et, comme il est questionné sur le séjour des Allemands, il dit avoir logé durant l'occupation un colonel. Pour recevoir cet officier supérieur et sa suite, il avait cru devoir se mettre en frais, non seulement eu égard au grade de son commensal, mais encore dans l'espoir que la satisfaction éprouvée par celui-ci constituerait une sauvegarde aux objets d'art contenus dans le château. Donc, il avait mis à la disposition du soudard germain les plus beaux appartements, meublés de pièces de collection, et il l'avait hébergé princièrement. Le colonel s'était montré charmé de la réception. Mais quelles ne furent pas la surprise et l'indignation de l'amphytrion en constatant, après le départ de l'officier, que les meubles en marqueterie avaient été fracturés, brisés, et que leur précieux contenu, ainsi que les plus beaux bibelots ornant l'appartement, s'était envolé!

Le train qui doit nous transporter arrive enfin en gare. C'est un convoi de blessés, auquel on a ajouté une voiture pour les civils. Nous montons dans cette voiture. Le train part.

Naturellement il ne peut être question de suivre l'itinéraire direct jusqu'à Paris : les ponts ont été rompus en maints endroits et ne sont pas encore rétablis. Du reste, la compagnie du chemin de fer ne garantit pas le parcours, puisqu'au guichet de Dormans on ne nous a délivrés de billets que pour Epernay. Ce n'est pas sans émoi que je constate qu'au lieu de nous éloigner de Reims, nous nous en rapprochons.

A Epernay, où nous arrivons vers onze heures, la gare est complètement dépourvue d'employés. Descendus sur le quai, les voyageurs ne savent que devenir. A la fin, un commissaire paraît, échange nos billets contre des mots d'écrit et nous invite à prendre le passage souterrain conduisant au quai où seront appelés les voyageurs pour Châlons-sur-Marne. Je réfléchis que Châlons va nous éloigner encore de trente à quarante kilomètres de Paris. Au demeurant, il n'y a pas d'heure fixée pour le départ; nous devons simplement nous tenir prêts à monter quand on appellera. Tandis que nous stationnons, des trains militaires arrivent, s'arrêtent une minute, repartent aussitôt. Des voyageurs audacieux escaladent les marchepieds des wagons à marchandises entr'ouverts et se laissent conduire *gratis pro Deo* dans la direction qui leur semble la bonne.

A une heure ou une heure et demie, nous nous embarquons pour Châlons. Malgré le sentiment désagréable de marcher à reculons du but, comme je suis fatiguée, qu'il fait froid et que j'ai faim, je ferme les yeux et m'engourdis en un demi sommeil coupé par les exclamations des voisins de banquette qui, le nez à la portière, cherchent, le long du trajet, des traces de la guerre.

A Châlons, j'éprouve surtout le désir de me réchauffer. Un employé de la gare nous prévient qu'il faudra attendre jusqu'à ce soir le train de Paris par Troyes. Nous avons donc du temps devant nous.

La ville de Châlons-sur-Marne, près du fameux camp, vit en tous temps de la troupe. Plus que ceux d'aucune, les abords de sa gare sont pourvus de restaurants, d'hôtels et de cafés. Mais aujourd'hui, « pour cause d'épuisement de marchandises », avertissent des pancartes, tous ces établissements sont fermés. Nous nous hasardons dans l'intérieur de la ville. Dans l'un des trois ou quatre cafés ouverts, mais, disent encore des pancartes, « exclusivement réservés à MM. les officiers », on veut bien nous recevoir. Il n'y a rien à manger. Dans une salle infecte, souillée de déjections et où sirotent mélancoliquement une demi-douzaine d'officiers subalternes, on nous sert, sous le nom de café, un liquide nauséabond. Nous ne pourrions certes le boire, s'il n'était chaud et si nous ne grignotions en même temps des tablettes de chocolat.

Cette dérisoire restauration terminée, nous revenons à la gare. Le hall d'entrée et les salles d'attente ont servi d'abri à des blessés jusqu'après l'occupation allemande. Le phénol répandu ne parvient pas à chasser les relents de linge sale, de sang, de pus et de paille pourrie. L'odeur de la mort règne ici. Elle nous poursuit dehors, quand, toujours dans l'attente du train, nous sommes assis sur des bancs, à l'ombre des arbres de la place.

Contre le mur de la gare, une très vieille femme, coiffée d'un bonnet blanc, toute blême et maigre, l'air triste, s'est installée au soleil sur un panier d'osier, dans une attente grelottante. Autour de nous un grand nombre de militaires circulent, librement ou en rangs. Sur le banc où nous sommes assis, deux soldats légèrement blessés s'entretiennent gaiement. Derrière nous, dos à dos, vient s'installer une créature étrange, tête nue aux noirs cheveux collés en accroche-cœur, fardée, violemment parfumée, vêtue d'oripeaux rouges et jaunes, parée de gros bijoux de pacotille. De temps en temps, elle se lève, se meut lentement dans des attitudes bassement, crapuleusement hiératiques, s'étire, se rasseoit. Des compagnies de territoriaux, débarqués par la gare aux marchandises, défilent au delà des arbres; d'autres les croisent et vont s'embarquer. Plus l'heure avance, plus ce flux et reflux augmente.

Péniblement, le temps passe. La foule devient dense. Un employé paraît à la porte de la gare, et l'avis nous arrive qu'il va délivrer là, à cette porte, les billets. La foule s'assemble vers lui; nous nous mettons à la file. Il n'y a plus personne sur les bancs de la place. La femme en jaune et rouge s'est levée et paresseusement se dirige vers les masures faisant face à la gare.

Enfin, nous sommes introduits sur les quais, et nous montons dans le train qui, archi-comble, se met en marche vers six heures.

Non seulement toutes les banquettes des voitures sont occupées, mais encore les couloirs sont envahis par des gardes-voies et des cheminots ralliant leurs postes libérés. Sur la banquette en face de nous, un groupe de cinq Rémois est installé. La vieille dame si pâle, remarquée au cours de l'après-midi, est de leur nombre. Nous engageons conversation. Ils ont vu brûler la cathédrale. L'expression de leur physionomie, lorsqu'ils décrivent le spectacle, est la terreur. Les larmes coulent sur leur visage. Nous les questionnons avec intérêt, avec indiscrétion même. Pour dépeindre et qualifier la scène de l'incendie de Notre-Dame, ils ne trouvent point de mots; c'était donc d'une inexprimable horreur. Habitant non loin de la basilique, ils auraient pu, de chez eux, suivre toutes les phases du drame; mais ce jour-là ils s'étaient réfugiés dans la cave, et de temps à autre seulement l'un d'entre eux montait examiner ce qui se passait au dehors. C'est entre quatre et cinq heures de l'après-midi que, dans la ceinture d'incendies allumés autour d'elle, la cathédrale prit feu; en quelques minutes, elle parut s'enflammer entièrement. Nos compagnons de voyage, retenus à Reims jusque là par l'état de santé de la vieille dame, âgée de quatre-vingt-quatre ans et qui l'avant-veille avait reçu les derniers sacrements, durent fuir la fournaise. N'osant monter dans leurs appartements pour y prendre quoi que ce soit, ils étaient partis sans trop savoir de quel côté se diriger. Combinant leurs efforts afin de sauver l'octogénaire, il se relayaient à la porter, la soutenir, l'entraîner parmi une foule affolée qui, dans la nuit rouge, se ruait hors de la ville. Arrivés dans la campagne, — fut-ce par la force de l'instinct de conservation ou par tout autre miracle? — la mourante d'avant-hier se mettait à marcher le long de la route d'Epernay, et, en deux jours, avec l'aide des siens, elle franchissait à pied les vingt-cinq kilomètres séparant de Reims cette ville.

Lentement, avec des secousses, le train nous conduit à travers les champs catalauniques. Des territoriaux gardent la voie et les ponts provisoirement rétablis. Les gares détruites, les rames de wagons carbonisés et dont il ne reste plus que l'armature de fer, les tas de décombres dans la campagne racontent des épisodes de guerre, auxquels les voyageurs ajoutent leurs commentaires. Le crépuscule s'épaissit. Il commence à faire très froid dans le train. Les gardes-voie, à l'abri de halliers et de ruines, ont, pour se chauffer, allumé de petits feux.

Dans cette Champagne pouilleuse, la plaine aride succède à la plaine aride ; à perte de vue, des sapins nains la peuplent fantastiquement. De grands trous nus marquent les endroits frappés par les obus. Par ci par là, encore des chevaux morts. On s'attend à découvrir des cadavres de soldats ; mais non, à cette heure, ils sont tous relevés et mis en terre.

L'obscurité est complète. Il n'y a aucune lumière dans le train. Le nom de Sommesous prononcé fait se lever et se mettre aux portières les voyageurs. Rien de la grande bataille n'apparaît dans la nuit. On devine des ruines blanches et noires, du matériel incendié, des entonnoirs dans le sol et, autour, les objets inquiétants vus sur d'autres champs de bataille.

Maintenant, c'est fini. Plus rien. Les voyageurs, soit qu'ils dorment, soit qu'ils se recueillent, ont cessé de parler. L'heure est d'une inimaginable tristesse. Parfois le cœur s'arrête, on se croit mort et porté dans un cercueil vers un lointain cimetière; puis les battements dans la poitrine reprennent à grands coups et résonnent dans la tête comme la pulsation d'un marteau-pilon détraqué. Ce ne serait pas supportable, si de temps à autre un fanal tremblotant ne s'élevait de côté sur la voie, tenu par un territorial échangeant des signaux avec le personnel du train.

Il est près de minuit quand nous arrivons en gare de Troyes. Là, il faut descendre et, sur le quai, par le froid vif, attendre jusqu'à deux heures du matin le train pour Paris. Il est interdit de pénétrer dans les salles d'attente; le buffet est fermé. Les voyageurs sont nombreux, on se tient chaud. Près de nous, des Saint-Cyriens revenus du front devisent. Ils vont dans les dépôts de l'intérieur instruire des recrues.

Le trajet de Troyes à Paris, pour long encore qu'il soit, est moins lugubre. Les voitures sont éclairées de quinquets. Les risques de catastrophe ont cessé. Plus de zones ravagées par la guerre.

Quand, au lever du soleil, on arrive à Noisy-le-Sec tout poudré de givre, parmi des manœuvres de wagons, on croit se réveiller d'un cauchemar héroïque, gigantesque. Mais la présence sur les voies de militaires et de trains chargés de canons ramène vite à la réalité de la guerre.

L'horloge de la gare parisienne de l'Est marque huit heures, lorsque, le mercredi 23 septembre 1914, nous sommes à destination.

Paris dort. Ou bien il est désert. A moins qu'il ne soit mort.

Nous avons peine à trouver un café ouvert, et quand nous en avons découvert un, aussitôt entrés nous constatons qu'il n'a plus le caractère d'autrefois. Néanmoins, ce qui du cataclysme semble troubler le patron, c'est la baisse des affaires. Les voitures aussi sont rares. Enfin nous pouvons arrêter un taxi, et en route pour Auteuil!

Paris dort.

Sur notre parcours, les maisons de rapport, les magasins, les ateliers sont fermés. Recueillis, intacts, les monuments sommeillent : ils sont ainsi plus prestigieux encore. J'éprouve à leur endroit la vénérante affection qu'on ressent envers des êtres aimés dont on a redouté le trépas et qu'on retrouve debout, bien vivants, accrus. Telle une grande et belle jeune fille sauvée d'une mortelle crise, la Ville, rafraîchie, épurée, magnifiée, la ville au clair regard sous des paupières closes, la ville chérie, la miraculée, est assoupie dans la langueur bienfaisante de sa convalescence, — inconsciente, ne se doutant même pas du danger auquel elle vient d'échapper ni du prix exhorbitant, surnaturel, que sa cure a coûté.

Paris dort...

Coulommiers.
Imp. DESSAINT ET Cie

IMP. BELLENAND, A FONTENAY-AUX-ROSES - 26.082

www.ingramcontent.com/pod-product-compliance
Ingram Content Group UK Ltd.
Pitfield, Milton Keynes, MK11 3LW, UK
UKHW021054220726
13924UKWH00005B/2094

9 782019 921910